SYBILLE KALMBACH

W0356609

BIBEL DRAMATISCH

ERFAHRBARE ENTWÜRFE FÜR DIE ARBEIT MIT JUGENDLICHEN UND ERWACHSENEN

aussaat

© Aussaat Verlag 2006
Verlagsgesellschaft des Erziehungsvereins mbH, Neukirchen-Vluyn
www.nvg-medien.de
Umschlaggestaltung: Hartmut Namislow
Satz: Breklumer Print-Service, Breklum
Druck: Fuck-Druck, Koblenz
Printed in Germany
ISBN 13: 978-3-7615-5450-0
ISBN 10: 3-7615-5450-8
Best.-Nr.: 155 450

Ein herzliches Dankeschön an meine Kinder, meinen Mann und die Oma- und Opababysitter, die mir durch ihr Verständnis und ihren Einsatz immer wieder Zeiten zum Schreiben ermöglicht haben. Außerdem ein Dankeschön an unseren großen Gott, in dessen Bibel es so viel Tolles und immer wieder Neues zu entdecken und zu bearbeiten gibt!

Und zu guter Letzt ein Dankeschön an die vielen Gruppen, mit denen ich die vorliegenden Einheiten ausprobieren durfte, und an »meinen Hauskreis«, der sich stellvertretend für die vielen anderen fotografieren ließ, um die Erklärungen transparenter zu gestalten.

INHALTSVERZEICHNIS

GEBRAUCHSANLEITUNG FÜR DAS BUCH

Bitte durchlesen ...

Bibliodrama – was ist denn das? Kann ich das überhaupt?
Bibliodrama lässt sich weder in wenigen Worten beschreiben, noch lässt es sich in ein bis zwei Stunden durchführen. Man braucht für ein richtiges Bibliodrama mindestens einen Tag Zeit und möglichst auch eine entsprechende Ausbildung. Jedoch kann man einfache Bibliodrama-Elemente auswählen, um biblische Inhalte für sich selbst zu erfahren. Es gibt Bibliodrama-Formen, die »Laien« einsetzen können. Sie sind dazu geeignet, sich einem Bibeltext nicht nur kognitiv, sondern von ganzem Herzen und ganzer Seele zu nähern. Der Bibeltext soll nicht nur analysiert werden, sondern die Gefühle, die Erlebnisse darin sollen nachempfunden, miterlebt und durchlebt werden. Die Lebensgeschichten, die in der Bibel stecken, sollen nicht nur über das Nachdenken begriffen werden. Parallelen zum eigenen Leben werden damit deutlicher als durch bloßes Reden und Lesen und ein Dialog zwischen Bibeltext und der Person des heutigen Lebens beginnt.

Wenn man sich die Frage stellt, was biblische Texte sind, so antwortet A. Weder, es seien fremde Gäste und E. Drewermann sagt, es wären beste Freunde.
Bei fremden Gästen würde die Konsequenz heißen: Man sollte nachforschen und mehr darüber erfahren. Bei den besten Freunden könnte man sagen: Die kennt man gut, da will man nicht alles wissen, sondern ICH bin wichtig im Gespräch. Im Bibliodrama kann es die Verbindung von beidem geben, zum einen die Annäherung auf kreative Weise, aber auch das Nachfragen und Nachforschen.

Im Bibliodrama geht es nicht darum, ein »Drama« zu spielen oder Theatervorführungen zu entwickeln. Es geht darum: Was entdecke ich im Text, ich ganz persönlich für mich, für mein Leben? Dies kann auf vielfältige Weise geschehen: Leib, Seele und Phantasie werden in den unterschiedlichen Übungen berücksichtigt, nicht nur der Kopf. Im Rollenspiel und im Darstellen fallen mir Sachen auf, über die ich sonst hinweglese. Beim Nachdenken und Austauschen mit anderen erweitere ich meinen Denkhorizont, werde auf andere Aspekte aufmerksam gemacht. Bei Einzelarbeiten komme ich ins Nachdenken über mein Leben, in lebhafteren Teilen empfinde ich den Gefühlen der Menschen von damals nach, ziehe Parallelen zu meinem Leben.

Grundlage der Arbeit sind körperorientierte Übungen, darstellende, spielerische Methoden, die Identifikation mit Rollen und Situationen und das Bewusstwerden eigener Grunderfahrungen und Verhaltensmuster. Dieser Zugang ermöglicht, dass Glaubenserfahrungen aktiviert, aber auch hinterfragt werden. So kann ein sehr tiefer, spiritueller Umgang mit Gottes Wort seinen Platz finden und es können sich neue Impulse ergeben.

Die Arbeit mit Bibliodrama-Elementen bringt einen großen Gewinn für den Mitarbeiter, die Gruppe und die einzelnen Teilnehmer. Dies bedeutet aber auch, dass es am Ende kein fertiges Ergebnis gibt. Bibliodrama ist weder leistungs- noch produktionsorientiert. Es gibt keine Zuschauer, sondern nur Beteiligte. Bibliodramatische Methoden sind prozessorientiert, nicht lernzielorientiert. Man arbeitet mit Fragen, die anregen sollen, die Lust machen, sich mehr mit Gott, der Bibel, den Menschen damals und mit mir, meinem Glauben und meinen Mitmenschen heute auseinander zu setzen.

Die Anregungen in diesem Buch sind allesamt mehrfach erprobt und umgesetzt worden. Teilnehmer unterschiedlichen Alters und Gruppen unterschiedlicher Größe haben erfahren, wie nahe der uralte Bibeltext am heutigen Leben dran sein kann.

Wichtige Hinweise zum Gebrauch des Buches:

Angaben können stark variieren
Da äußere Gegebenheiten wie die Gruppengröße, Vertrautheit oder Fremdheit unter den Gruppenmitgliedern, Raumgröße, Motivation und vieles mehr sehr unterschiedliche Variablen sind, kann man die Angaben immer nur als gewisse Richtschnur verstehen und muss sie für die eigene Gruppe optimieren. Die angegebene Zeitdauer kann sehr schwanken, je nachdem, ob die Gruppe sich schon kennt oder fremd ist, ob genügend Platz im Raum vorhanden ist und ob sechs oder 46 Teilnehmer mitmachen.
Außerdem weichen die Zeitangaben oft von der Summe der einzelnen Minutenangaben ab. Dies liegt daran, dass meist keine Pausenzeiten mitangegeben wurden – die sollte man einbauen, wenn man merkt, dass die Aufmerksamkeit schwindet. Außerdem kommt es darauf an, wie groß die Gruppe ist und wie träge oder schnell sie die Aufgaben begreift / in Bewegung kommt … wie lange man braucht, um die Aufgaben einzuführen, wie gut geordnet das Material bereitliegt …

Verwendung der männlichen Sprachform
Ich habe mich für eine durchgängige Verwendung der männlichen Sprachform

entschieden, da ich lieber eine Einheit mehr abdrucke als ständig auch die weibliche Form mitanzugeben. Ich hoffe, es ist im Sinne aller Leserinnen und Leser, dass im Buch immer nur vom Mitarbeiter/Gruppenleiter und dem Teilnehmer die Rede ist und damit beide emanzipierten Geschlechter gemeint sind.

Mitarbeiterbesetzung
Bibliodrama ist eine Form der intensiven, persönlichen Bibelbegegnung. Dies kann auch bei den einfachen Formen in die Tiefe gehen und muss berücksichtigt werden. Es ist sinnvoll, wenn nicht nur ein Mitarbeiter den Abend gestaltet, sondern mindestens ein zweiter Mitarbeiter da ist, falls bei einem Teilnehmer mehr aufbricht oder er sich mit jemandem austauschen will, weil er sehr persönlich von dem Text berührt wurde. Aber keine Angst, die einzelnen Formen sind so ausgewählt, dass man nicht psychologisch geschult sein muss … – nur Mut, was kann es Schöneres geben, als dass Bibeltexte neu entdeckt und persönlich relevant werden!

Eigene Beteiligung
Der Mitarbeiter sollte bei so vielen Aufgaben wie möglich mitmachen, damit sich die Teilnehmer nicht beobachtet fühlen. Trotzdem sollte er natürlich nicht zu dominant agieren, um die Teilnehmer in ihren eigenen Ideen nicht zu stören und um vor allem auch die Gruppe und den einzelnen Menschen im Auge behalten zu können.

Aufbau der Einheiten
Der Aufbau der Einheiten ist natürlich jedes Mal anders, aber ein grobes Raster wie Warm-up zu Beginn, Textbegegnung in verschiedenen Phasen, persönliche Betroffenheit und Erleben in der Gruppe ist in jeder Einheit wiederzufinden. Aktionen für den Einzelnen, die Kleingruppen und die Gesamtgruppe wechseln sich sinnvollerweise immer genauso ab wie »Low-Level«-Aktionen und solche, die stärker in die Tiefe gehen.

Material- und Raumvorbereitung
In den vorgeschlagenen Einheiten wird auch immer wieder mit unterschiedlichem Material gearbeitet. Wichtig ist natürlich, dass man genügend Material bereitgelegt hat, um nicht mitten in der Einheit ins Stocken zu kommen. Je nach Gruppengröße sollte man auch auf ausreichende Ausrüstung achten – zum Beispiel bei der Arbeit mit Wachsmalfarben sollte immer ein ganzer Kasten für jeden eingerechnet werden (*Tipp*: Kann man auch mal gut aus einem Kindergarten ausleihen!).

Für sämtliche Einheiten ist es auch wichtig, einen ausreichend großen Raum zur Verfügung zu haben. Stuhlreihen oder Tische sind nicht sinnvoll, es wird immer mit einem Stuhlkreis gearbeitet, den man auch schnell zur Seite räumen kann.

Vom Aufwand her klein, von der Wirkung her groß ist eine gestaltete Mitte, die bei Bedarf schnell beiseite geräumt werden kann. Auch ein schönes Tuch mit einem Blumenstrauß oder ein Tuch mit zur Einheit passenden Gegenständen sind ein Blickfang fürs Auge und ein schöner Einstieg, damit der Raum nicht so verloren wirkt und das Auge schon mal etwas zum Sehen hat.

Eigene Einheiten zusammenstellen
Die vorgeschlagenen Einheiten sind als »Lustmacher« und Einstiegshilfen gedacht. Am besten sind natürlich selbst entworfene Einheiten, da man das Thema, die Dauer und die Aktionen so am idealsten auf die eigene Gruppe zuschneiden kann. Mit der Zeit wird jeder Mitarbeiter ein Gefühl dafür bekommen, welche Elemente man wie am besten zusammenstellen kann. Als Hilfe kann man natürlich immer in den vorliegenden Einheiten oder in den einzeln aufgelisteten Bibliodrama-Elementen am Schluss des Buches blättern. Wichtig zu beachten wäre hierbei, dass man mit einfachen Elementen beginnt und darauf achtet, dass sich Einzel-, Kleingruppen- und Gesamtgruppenelemente abwechseln und ruhige, kreative und aktivere Teile ausgewogen vertreten sind.

Außerdem sollte man sich zu Beginn nur zeitlich kürzere Einheiten vornehmen und auf jeden Fall kurze Bibeltexte, die nicht mehr als ein oder zwei Verse umfassen.

Viel Freude und Gottes Segen …
… beim Schmökern im Buch, beim eigenen Zusammenstellen der Einheiten und beim Umsetzen der Anregungen,

wünscht
Sybille Kalmbach

RUHET EIN WENIG AN EINER EINSAMEN STÄTTE ...

Markus 6,30-32

Kurzbeschreibung
Eine Bibliodrama-Einheit mit »soften« Elementen, gut geeignet für Einsteiger. Zwei Versionen für eine kürzere und längere Einheit zum Thema »Arbeiten und Ruhen«.
Zeitumfang
ca. 60 Minuten / ca. 100 Minuten
Teilnehmeranzahl
8-25
Material
Bibeltexte in groß, leere DIN A3-Blätter, Wachsmalfarben, Stifte, Blankopostkarten, Briefumschläge, Briefmarken, evtl. Tuch für Mitte / Ruhe-Deko

Ablauf kürzere Version (ca. 60 Minuten)

Ankommen (ca. 5 Minuten)
Die Teilnehmer treten ein, werden begrüßt und sollen erst einmal »ankommen dürfen«. Wer möchte, kann sich schon in den Stuhlkreis setzen oder noch ein wenig stehen bleiben und die anderen beobachten, mit ihnen reden. Hilfreich ist es, wenn die Mitte des Stuhlkreises dekoriert ist, so dass die Blicke nicht ins Leere gehen, man etwas zum Anschauen hat und sich langsam auf die gemeinsame Zeit einstellen kann. Man kann entweder themenbezogen dekorieren – zum Beispiel ein schönes Tuch ausbreiten, einen Terminkalender, eine Uhr und ein Ruhekissen oder ähnliches drauflegen oder einfach einen schönen Blumenstrauß in die Mitte stellen.

Text hören (ca. 5 Minuten)
Der Bibeltext wird mehrmals mit unterschiedlicher Betonung vorgelesen und jedem Teilnehmer eine Kopie ausgeteilt (den Text möglichst groß kopieren). Dann wird er nochmals vorgelesen.
Anschließend erzählt der Mitarbeiter, was vorher und danach geschah, damit der Bibeltext in den Zusammenhang eingeordnet werden kann:

Was vorher passiert ist: Die Jünger werden ausgeschickt von Jesus, immer zu zweit. Sie sind eine ganze Weile unterwegs, werden gefordert, gefragt. Sie erzählen von Jesus, erklären den Menschen Jesu Erzählungen vom Reich Gottes. Sie müssen viel aufnehmen und verarbeiten, sie müssen sich konzentrieren. Es begegnen ihnen ständig viele neue Menschen, sie kommen immer wieder in neue Umgebungen, die Fragen der Menschen, die Neugier oder auch Skepsis und Ablehnung stürmen auf sie ein. Sie haben große Herausforderungen zu bewältigen, lange Tage, weite Strecken …
Dann kommt diese Ansprache, in der Jesus die Jünger auffordert, ein wenig zu ruhen.

Was danach passiert ist: Danach geht's gleich wieder voll zur Sache. Die Speisung der Fünftausend, wieder eine riesengroße Menschenmasse, Lärm, Fragen, Unruhe, Organisationsbedarf. Nix mehr mit ausruhen. Sie müssen 5000 Leute im Auge haben, sie versorgen, die Menschenmasse wahrnehmen, den Lärmpegel ertragen – viel Stress und viel Arbeit für die Jünger.

»Reduce to the max" (ca. 5 Minuten)
Jeder Teilnehmer nimmt sich seinen Bibeltext. Nun folgt eine Zeit, in der nach und nach alle Wörter gestrichen werden, die dem Teilnehmer gerade nicht wichtig sind. Zuerst sind dies wahrscheinlich Wörter wie »der«, »eine« oder »ist« – doch mit der Zeit muss man sich auch bei bedeutsameren Wörtern überlegen, welche man nach und nach streicht, immer wieder den Text von neuem durchlesen und streichen – bis ein Wort am Ende übrig ist.
Die schnellere Methode wäre, den Text mehrmals durchzulesen und sich dabei ein wesentliches Wort herauszusuchen. Doch die beschriebene Streichmethode ermöglicht ein bewussteres Vorgehen und es kommt unter Umständen mit der gegebenen Zeit auch ein anderes Wort heraus als beim ersten Hinsehen. Durch das intensive Lesen hat sich jeder zugleich gründlich mit dem Bibeltext beschäftigt und das Wort herausgefiltert, das ihm im Moment etwas bedeutet.

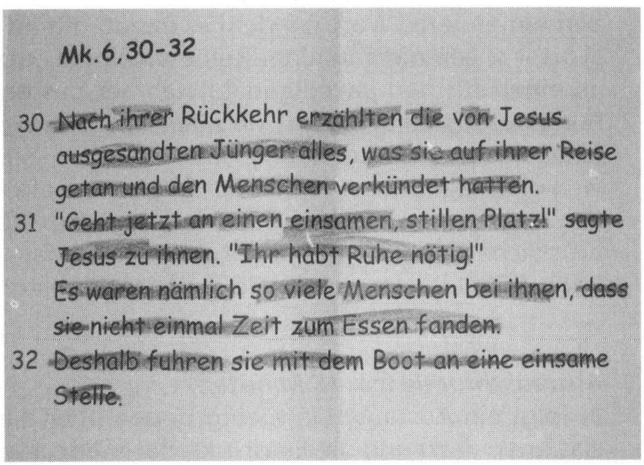
Mk.6,30-32

30 Nach ihrer Rückkehr erzählten die von Jesus ausgesandten Jünger alles, was sie auf ihrer Reise getan und den Menschen verkündet hatten.
31 "Geht jetzt an einen einsamen, stillen Platz!" sagte Jesus zu ihnen. "Ihr habt Ruhe nötig!"
Es waren nämlich so viele Menschen bei ihnen, dass sie nicht einmal Zeit zum Essen fanden.
32 Deshalb fuhren sie mit dem Boot an eine einsame Stelle.

Wort gestalten (ca. 15 Minuten)

Siehe »Reduce to the max«: Dieses Wort soll nun auf einem mindestens DIN A3 großen Blatt Papier mit Wachsmalfarben gestaltet werden. Dies kann durch eine bildnerische Umsetzung geschehen (z.B. eine Uhr beim Thema Zeit), aber auch durch Farben (z.B. das Wort Angst schwarz schreiben oder schwarz umranden), Symbole oder Buchstaben (z.B. das Wort Angst klein und zittrig in die untere Ecke schreiben oder Jesus in Kreuzform). Mindestens 15 Minuten Zeit dafür lassen, damit man sich mit der Aufgabe und den Farben anfreunden kann.

Wortauslegung (ca. 5 Minuten)

Eine »Wortauslegung« der etwas anderen Art ...

In der Raummitte wird viel Platz geschaffen. Alle setzen sich mit ihrem gestalteten Wort außen herum im Kreis. Der Mitarbeiter liest noch einmal langsam den Bibeltext vor. Wenn das Wort kommt, das die Teilnehmer ausgewählt und gestaltet haben, legen sie es in den Kreis. Aufgabe dabei ist, bewusst einen Platz zu wählen, der zu dem Wort passt (z.B. eher an den Rand des Kreises, genau in die Mitte, neben ein anderes Wort, zu dem es Bezug nimmt oder erhöht auf einen Stuhl). Die Wörter sollen nicht in einer Reihe zu einem Satz gelegt werden, sondern bewusst an einen für den jeweiligen Teilnehmer passend erscheinenden Platz – in Beziehung gesetzt zu dem Platz und den anderen Wörtern. Dabei kann es natürlich geschehen, dass ein Teilnehmer zum Beispiel sein Wort »Angst« in die Mitte legt, weil dies im Moment für ihn zentral ist und ein anderer ganz an den Rand, weil er sich ängstlich verstecken oder die Angst verdrängen will. So geschieht eine eindrückliche Textauslegung der besonderen Art.

Danach Zeit lassen, damit alle sich die ausgelegten Wörter anschauen können.

Austauschrunde (ca. 15 Minuten)

Es folgt ein Austausch in Kleingruppen über das Bild, seine Entstehung, die Assoziationen dazu und die Eindrücke der »Wortauslegung«.

Impulse:

- Wie habe ich das Wort gefunden?
- Was bedeutet das Wort für mich? Erzählen von mir / meiner Situation (nur so viel, wie ich möchte).
- Was fiel mir auf bei der »Auslegung«?
- Nachfrage bei den anderen zu ihrem Bild.
- Assoziationen zu den Bildern der anderen.

Brief an mich (ca. 5 Minuten)

Jeder Teilnehmer bekommt eine weiße Postkarte und einen Briefumschlag. Die Aufgabe ist, einen Brief an sich selbst zu schreiben. Der Inhalt des Briefes soll das Erleben mit dem Bibelvers sein.

Impulse:

- Was ist mir aufgefallen?
- Was nehme ich mir vor?
- Was nehme ich mit?
- Was beschäftigt mich?
- Wo wird der Bibelvers für mich persönlich bedeutsam?
- Wie kann ich den Text in meinem Leben umsetzen?

Der »Brief an mich« soll aber nicht nur ein Stichwortzettel werden, sondern wie ein persönlicher Brief formuliert werden. Dies scheint anfangs etwas fremd und komisch, wenn man an sich selber schreibt: »Liebe Anne, heute hast du dir etwas vorgenommen! Du hast bemerkt, wie sehr …« Durch das richtige Ausformulieren macht man sich viel mehr Gedanken, was man tatsächlich für sich festhalten will, es wird bedeutsamer und persönlicher, man nimmt sich Zeit für sich selbst und macht sich nicht nur eine Stichwortliste.

Hilfreich für diesen Teil ist es, wenn jeder genügend Platz hat, ohne dass ein Nachbar beim Schreiben zuschaut, wenn es wirklich still und konzentriert ist und im Hintergrund eine angenehme, instrumentale Musik abgespielt wird. Wichtig für den Mitarbeiter: Genügend Zeit lassen und beobachten, wer noch Zeit zum Schreiben braucht.

Dieser Brief kommt dann in den Briefumschlag, dieser wird zugeklebt und mit der eigenen Adresse versehen. Der Mitarbeiter bekommt die verschlossenen Umschläge und bewahrt sie längere Zeit auf (es wird nicht verraten, wie lange!). Irgendwann, wenn die Teilnehmer nicht mehr damit rechnen, bekommen sie ihren Brief an sich selbst mit der Post zugeschickt und werden so wieder an die Bibliodrama-Erlebnisse, den Bibeltext und ihre Vorhaben und Erkenntnisse erinnert.

Tipp

Ein besonderes Extra wird der Brief noch, indem man auf die Briefrückseite einen passenden Text aufklebt, wie zum Beispiel folgender:

Der Herr gibt mir
für meine Arbeit das Tempo an,
ich brauche nicht zu hetzen.
Er gibt mir immer wieder
einen Augenblick der Stille,
eine Atempause,
in der ich zu mir komme.
Er stellt mir Bilder vor die Seele,
die mich sammeln
und mir Gelassenheit geben.
Oft lässt er mir mühelos etwas gelingen
und es überrascht mich selbst,
wie zuversichtlich ich sein kann.
Ich merke:
Wenn man diesem Herrn vertraut,
bleibt das Herz ruhig.
Obwohl ich viel zu viel Arbeit habe,
brauche ich doch den Frieden nicht zu verlieren.
Er ist in jeder Stunde da
und in allen Dingen und so verliert
alles andere sein bedrohliches Gesicht.
Oft, mitten im Gedränge, gibt er
mir ein Erlebnis, das mir Mut macht.
Das ist, als ob mir einer
eine Erfrischung reichte
und dann ist der Friede da
und eine tiefe Geborgenheit.
Ich spüre, wie meine Kraft dabei wächst,
wie ich ausgeglichen werde
und mir mein Tagwerk gelingt.
Darüber hinaus ist es einfach schön,
zu wissen,
dass ich meinem Herrn auf der Spur
und dass ich, jetzt und immer,
bei ihm zu Hause bin.

AMEN

Der 23. Psalm, in einer Neufassung von der Japanerin Toki Miyaschina

Ablauf längere Version (ca. 100 Minuten)

Ankommen (ca. 5 Minuten)
Text hören (ca. 5 Minuten)
»Reduce to the max« (ca. 5 Minuten)
Wort gestalten (ca. 15 Minuten)
Wortauslegung (ca. 5 Minuten)
Austauschrunde (ca. 15 Minuten)

Gedanken zum Text (ca. 8 Minuten)
Nach dem ersten aktiven Beschäftigen mit dem Text folgt jetzt noch einmal eine Konzentration auf das, was geschah, bevor Jesus seine Jünger zur Ruhe auffordert:

Die Jünger sind mit Jesus unterwegs. Sie schauen ihm zu, sie erleben ihn, sie lernen von ihm, sie begleiten ihn. Jesus ist aber nicht nur der große Lehrer, der große Meister, der, der alleine alle Fäden in der Hand hat. Jesus ist nicht nur jemand zum Anschauen und Bewundern. Denn nachdem sie eine Weile mit ihm unterwegs waren, werden die Jünger zu zweit losgeschickt. Ohne ihren großen Meister.

Es geht nicht darum, sich nur mit der Bewunderung an Jesus aufzuhalten. Es gibt nicht nur ein Beobachten, Ausruhen und Nichtstun: Es kommt ein ganz konkreter Auftrag von Jesus.

Dieser Auftrag, bei dem Jesus die Jünger alleine losschickt, zeigt sein Vertrauen in sie. In die Jünger – und in jeden einzelnen Menschen. Als »Bodenpersonal«, als Mitarbeiter Gottes an seinem Reich. Er vertraut uns die Menschen an, gibt uns den Auftrag, seine Botschaft weiterzusagen. Mal ehrlich: Wenn man Gott wäre, man hätte die Sache lieber selbst in die Hand genommen oder zumindest nur Profis losgeschickt .... Jesus gibt den Jüngern und jedem einzelnen Menschen heute einen konkreten Auftrag: arbeiten, etwas tun, aufbrechen.

Und nach der Rückkehr fordert Jesus auf: Geht an einen einsamen, stillen Platz! Ausruhen!
In einer anderen Übersetzung steht: Ruhet ein wenig! Es ist ihm wichtig, dass man sich auch dafür Zeit nimmt. Zeit nimmt, um neue Kraft zu schöpfen, um aufzutanken. Nicht nur immer stur weiterarbeiten, bis man ausgelaugt ist und nicht mehr kann. Bis man alles nur noch halbherzig macht. Es ist ihm wichtig: Zeit fürs Auftanken nehmen, Kraft schöpfen. Und dann gestärkt neu beginnen, neu aufbrechen. Jesus fordert auf zum Ausruhen – aber nicht für unbegrenzte Zeit. Wie in der

Übersetzung steht: »ruhet ein wenig«. »Ein wenig« – dann geht's weiter, dann soll man auch wieder etwas tun. Das Gleichgewicht muss stimmen. Man soll nicht nur arbeiten ohne Pause, aber auch nicht nur ausruhen und abwarten.

Vielen Menschen muss man ein »Halt!« zurufen. Gerade auch in »frommen Kreisen« ist Vorsicht geboten vor »frommem Aktionismus« – es gilt anzuhalten, Kraft zu schöpfen! Andererseits hört man aber auch immer wieder: Ich muss auf mich schauen, ich muss dafür sorgen, dass es mir gut geht! Das ist richtig – aber im rechten Maße. Man sollte nicht plötzlich in ein anderes Extrem fallen und nur noch Ichbezogen sein. Jeder ist für sich selbst verantwortlich UND für die anderen. Nicht »ruhet ein wenig« auf dem Rücken anderer ... Jeder Einzelne ist selbst dafür verantwortlich, dass die Waagschalen »Arbeiten« und »Ruhen« ausgeglichen sind.

Gedankenanstoß:
- Wo ist mein »Platz« (siehe Bibeltext)?
- Ruhe: Wie sieht die bei mir aus?
- Gebe ich Jesus die Chance, mich zu stoppen (auch im kirchlichen Bereich kann ich ihn überhören vor lauter Aktionismus)?
- Höre ich Jesus? Wie kann ich Möglichkeiten schaffen, nicht nur zu arbeiten / zu reden, sondern hinzuhören?

In einer anschließenden Zeit der Stille kann jeder Teilnehmer den Gedankenanstößen nachgehen, die ihn persönlich angesprochen haben.

Pause (ca. 10 Minuten)
Nach diesen vielen Eindrücken und Erlebnissen bietet sich jetzt ein guter Zeitpunkt an, um eine Zäsur zu machen, Luft zu holen, sich zu bewegen und eine Pause zu machen. Besonders gastfreundlich ist es natürlich, wenn man hier Getränke und einige Knabbereien für die Teilnehmer bereitstellt.

Standbilder (ca. 10 Minuten)
Noch einmal wird der Bibeltext vorgelesen und auf die beiden Anteile Arbeiten und Ruhen hingewiesen. Aufgabe ist es jetzt, dass immer drei bis vier Personen eine Kleingruppe bilden und je zwei Standbilder für unsere heutige Zeit erarbeiten. Das eine Standbild soll das Thema »Ruhen« ausdrücken, das andere Standbild das Thema »Arbeiten«. In der Kleingruppe wird besprochen, welche Personen sich als »formbares Standbildmaterial« zur Verfügung stellen und wie die Themen »Ruhen und Arbeiten in unserer heutigen Zeit« dargestellt werden können. Requisiten sind erlaubt (z.B. ein Stuhl, Jacke, Schreibblock, Flasche o.ä.). Die einen Teil-

nehmer können sich als Modelleure versuchen, die anderen als Standbilder. Wenn die Standbilder fertig sind, setzen sich die Modelleure hin, alle Standbilder bleiben in ihrer Stellung stehen und werden angeschaut. Wer will, kann noch Erklärungen zu den Standbildern abgeben – jedoch wirken sie meist auch so sehr deutlich für sich. Interessant ist es, zu sehen, wie unterschiedlich die beiden Themen umgesetzt wurden und doch das Gleiche aussagen. Nach einer ausreichenden Betrachtungszeit dürfen sich die Standbilder wieder auflösen.

Zusätzlicher Impuls

- Mit einem zusätzlichen Impuls kann auch auf die Standbilder noch Bezug genommen werden.
- Wie haben die Standbilder auf mich gewirkt?
- Was habe ich beim »Standbilder-Formen« / beim »Geformt-Werden« gefühlt oder gedacht?

Brief an mich (ca. 5 Minuten)

DU STELLST MEINE FÜẞE AUF WEITEN RAUM ...

Psalm 31, 9b

Kurzbeschreibung
Jeder fühlt sich im Alltag, im Beruf, vielleicht auch in der Partnerschaft oder im Freundeskreis immer wieder eingeengt, beobachtet, bedrückt, eingeschränkt. Gott ist anders. Er will mich nicht einengen, sondern eröffnet mir eine große Weite, stellt meine Füße auf weiten Raum. Diese Erkenntnis eines Psalmbeters liegt diesem Bibliodrama-Entwurf zugrunde. Es geht um nachhaltiges Erfahren und Begreifen des Bibelverses und um das persönliche Anwenden und Übertragen auf das eigene Leben.
Zeitumfang
ca. 90 Minuten
Teilnehmeranzahl
6-25
Material
Wachsmalfarben, Stifte, DIN A3-Karton, große Plakate, weiße Postkarten mit kleinem Fußmotiv, Briefumschläge, Scheren, Klebstoff, ausgeschnittene Füße (ca. DIN A6 groß)

Ablauf

Fuß-Warm-up (ca. 5 Minuten)
Die Teilnehmer werden begrüßt und gebeten, die Schuhe auszuziehen, um so besser ihre Füße spüren zu können. Im Hintergrund läuft eine lebhafte Musik, der Mitarbeiter leitet das Fuß-Warm-up an und macht selber mit.

Anregung für das Warm-up
»Wir gehen im Raum umher, spüren unsere Füße und den Boden unter unseren Füßen.
Gehe kreuz und quer durch den Raum. Gehe ganz normal, spüre, wie deine Füße den Boden berühren, spüre deine Fersen, Fußballen, Zehen. Gehe schneller. Noch schneller. Gehe jetzt mit der Geschwindigkeit, die dir am liebsten ist. Gehe kreuz und quer durch den Raum, nütze auch die Raumecken. Gehe vorwärts, rückwärts, seitwärts.

Probiere verschiedene Gangarten aus: Hüpfe, schleiche, schreite, laufe, gehe. Gehe auf den Zehenspitzen, auf den Fersen, auf den Fußaußenseiten, auf den Fußinnenseiten. Gehe wieder normal.
Gehe gelöst durch den Raum, achte auf dich und deine Füße. Wie gehst du, wenn du im Lotto gewonnen hast? Gehe wie eine feine Dame. Wie frisch verliebt. Gehe wie ein braves Kind. Gehe wie ein wichtiger Oberarzt. Gehe wie ein Lehrer. Gehe wie ein Popstar. Gehe wieder ganz normal und entspannt.
Stell dir vor, du gehst jetzt durch einen moorigen Untergrund. Und jetzt über spitze Steine. Über heißen Sand. Durch weiches Moos. Gehe wieder so, wie du normalerweise gehst.
Stell dir vor, du wirst bedrängt, hast nicht mehr so viel Platz rund um deine Füße. Der Platz wird immer enger, deine Füße haben immer weniger Raum, um sich zu bewegen, werden eingeengt.
Jetzt plötzlich ist die Enge weg, deine Füße nutzen die große Weite und den großen Raum, sie erkunden alle Ecken, freuen sich an der Bewegungsfreiheit, suchen sich dann irgendwo im Raum einen Platz neben einem anderen Paar Füße.«

»Du stellst« (ca. 5 Minuten)

Die Teilnehmer sollen zu zweit zusammen gehen. Einer ist der »Beweger«, der andere der »Bewegte«. Der Beweger überlegt sich einen unattraktiven Platz im Raum (z.B. Raumecke, Sicht zur Wand) und schiebt den Bewegten sehr autoritär dort hin. Sehr bestimmt schieben. Dann einen neuen Platz aussuchen, der die Sicht in den Raum öffnet, einen schönen Platz – und nun liebevoll den Bewegten an den neuen Platz stellen, sensibel sein und darauf achten, dass sich auch der Bewegte dort wohl fühlt. Rollentausch. Der Beweger schiebt den Bewegten bestimmt durch den Raum (an den Schultern packen, schieben) an einen »schlechten Platz«. Dann nimmt er den Bewegten liebevoll sanft an den Händen und führt

ihn, er geht vor ihm her, geht mal begleitend neben ihm, sucht ihm einen schönen Platz aus, an dem sich der Bewegte wohl fühlt.

Enge / weiter Raum (ca. 5 Minuten)
Jeder bekommt ein großes Plakat und malt ein kleines Rechteck in die Mitte. Das Rechteck in der Mitte symbolisiert Enge, der große Platz außen herum die Weite. Nun soll jeder für sich passende Farben auswählen und klein und beengt in das Rechteck reinschreiben, was ihn einengt, erdrückt, klein macht, bestimmt, schiebt, drangsaliert und beengt in seinem Leben.
Dann wird mit passender Farbe und großer, schwungvoller Schrift (sich trauen, großzügig zu sein, es gibt genug Platz, ansonsten zwei Farben nehmen, übereinander schreiben, Großzügigkeit walten lassen ...) aufgeschrieben, was den Teilnehmer inspiriert, frei macht, was ihn fröhlich macht, was ihn freut, was ihm Kraft gibt, was er mit Freiheit verbindet, alles, was mit Weite und Großzügigkeit zu tun hat.

Damit die Teilnehmer wirklich frei sind und sich auch trauen, Persönliches aufzuschreiben, ist es sinnvoll, zu Beginn zu sagen, dass dies jeder für sich macht und nichts später vorgelesen wird. Außerdem sollte jeder genügend Platz haben, um sich beim Schreiben nicht beobachtet zu fühlen. Am sinnvollsten ist es, sich im ganzen Raum auf dem Boden zu verteilen.

»DU« gestalten (ca. 15 Minuten)
Gott hat den Menschen als Gegenüber geschaffen. Nicht als Sklave, nicht als Marionette, sondern wie in Psalm 8 der Psalmbeter sagt: »Der Mensch ist nur wenig geringer gemacht als Gott«. Vers 5: »Wie klein ist da der Mensch! Und doch beachtest du ihn! Winzig ist er und doch kümmerst du dich um ihn!«
Gott wird dem Menschen zum »DU«, trotz seiner Allmacht und Größe.

Die Aufgabe für die Teilnehmer ist nun, »Gottes Du« darzustellen. Jeder soll sich passende Farben wählen, die für ihn zu Gottes Du gehören und damit die Buchstaben »D« und »U« gestalten. Zum Beispiel »Du« in Gelb schreiben, außen herum alles schwarz anmalen. Oder passende Formen wählen – z.B. D und U in Kreuzform oder aus vielen Du's ein Herz formen ... Oder eine passende Form ausschneiden, z.B. Du's in allen Größen, daraus einen Kreis ausschneiden, weil der keinen Anfang und kein Ende hat, wie Gottes Liebe.

Das bedeutet: Zuerst soll sich jeder überlegen: »Wo und wie wird Gott mir zum Du? Wie begreife ich Gottes Liebe? Wo wurde sie schon für mich fassbar?« Und dann wird aus diesen Überlegungen das persönliche »DU« jedes einzelnen Teilnehmers gestaltet.

Bibelvers hören und be-greifen (ca. 5 Minuten)
Vielleicht hat mancher Teilnehmer schon eine Idee, auf welchen Bibelvers die bisherigen Beschäftigungen hingedeutet haben: »Du stellst meine Füße auf weiten Raum«. Dieser Vers aus Psalm 31 wurde nach und nach erarbeitet und erfahren:

*»**Du** – Gott, mein Gegenüber!*
***Du stellst** – Gott schiebt mich nicht, drängt mich nicht, er stellt mich liebevoll an einen ausgesuchten Platz. Ich muss nicht alleine rumstolpern, er begleitet mich – aber nicht autoritär, sondern wie ein Freund und Beschützer, jemand, der es gut mit mir meint.*
***Meine Füße** – meine Füße, mich persönlich, nicht die Masse. Meine Füße, die mich tragen, die viel erspüren, die angenehmen Boden, aber auch brenzlige Situationen unter sich haben. Füße, die gehen können, die nicht festgelegt sind, die in Bewegung sind.*
***Auf weiten Raum** – nicht in die Enge, sondern auf weiten Raum, mit vielen Möglichkeiten, dahin, wo es mir gut gehen soll, wo ich mich entfalten kann, in die Weite.«*

Jeder Teilnehmer bekommt nun ein Fußpaar (vorher vom Mitarbeiter ausgeschnitten, ca. DIN A6 groß, Farbe sollte sich von der Plakatfarbe abheben). Nun darf jeder Teilnehmer sein »Du« und die beiden Füße auf das Plakat kleben. Jeder soll sich überlegen, wohin er das Du platzieren möchte – in die Mitte, auf die »Enge«, oben drüber ... Und wo gehören die eigenen Füße hin – passen die in der jetzigen persönlichen Situation in die Weite oder besser dicht an die Enge, eher nah bei Gottes Du oder weiter weg? Oder vielleicht ein Fuß auf dem Du, ein Fuß daneben ...

Text »auslegen« (ca. 5 Minuten)
Alle Teilnehmer setzen sich in einen Halbkreis und werden still. Dann legt einer nach dem anderen sein Plakat auf den Boden. Immer eine kurze Pause lassen, bevor der Nächste aufsteht, damit das Auslegen und die gestalteten Plakate wirken können. Stille halten, die Plakate betrachten und wirken lassen.

Optional: kurze Szene (ca. 10 Minuten)
Diesen Teil kann man einfügen, falls noch Zeit ist.
Die Teilnehmer in Kleingruppen einteilen. Aufgabe: Sie sollen den Vers »theatralisch umsetzen«, ihn als kurze Szene darstellen. Es darf selbst gewählt werden, ob pantomimisch oder mit Worten. Anschließend spielen sich die Kleingruppen gegenseitig ihre Szenen vor. Es ist sehr interessant, was nach der bisherigen »Vorarbeit« mit dem Text bei den Szenen umgesetzt wird und welche Tiefe dabei erreicht wird. Ideal ist auch, dass jeder noch einmal gefordert ist, sich in die Gruppe einzubringen, damit er zusätzlich zu seinen eigenen Gedanken und Erfahrungen mit dem Vers nun auch noch an den Assoziationen der anderen direkt teilhaben kann.

Gespräch in Kleingruppen (ca. 10 Minuten)
Immer drei Teilnehmer sprechen über ihren gestalteten Vers, die Eindrücke der Wortauslegung, die Gestaltung des »Du«, die Enge / Weite, evtl. auch über die szenische Darstellung.

Impulse für die Kleingruppengespräche:

- Was war mir besonders eindrücklich?
- Was bedeutet der Vers jetzt für mich? Erzählen von mir / meiner Situation.
- Was fiel mir bei der »Auslegung« auf?
- Nachfrage bei den anderen zu ihrem Bild.
- Kommentieren der szenischen Umsetzungen.
- Was nehme ich aus dem heutigen Abend mit?

Kurze Exegese-Infos zu Psalm 31 (ca. 5 Minuten)
Der ganze Psalm 31 ist ein schlichtes Klage- und Dankgebet. Es geht um Flucht aus der Not und Zuflucht bei Gott. Zuerst berichtet der Psalmbeter von seiner großen Not. Dann wird er ruhiger, im Blick auf Gott ist seine drängende Angst gewichen. Jetzt sieht er klarer und ruhiger und im Vertrauen und Wissen darauf, dass Gott ihm helfen wird, gelobt er freudigen Dank dafür, dass er aus der Enge seiner Bedrängnis in die Weite der Freiheit geführt wird. Obwohl er noch mitten in der Not steckt, redet er schon wie von vollendeten Tatsachen, so ein großes Vertrauen hat er in Gottes Gegenwart und sein helfendes Wirken. Faszinierend – machen wir das auch? Noch mitten in der Bedrängnis steckend schon davon reden, wie Gott geholfen hat?

Vers 9b
Du stellst meine Füße auf weiten Raum.
Der Satz entstammt einem Psalm, in dem ein Mensch Gott um Hilfe vor Verfolgern

bittet, aber auch sein Vertrauen und seinen Dank ausspricht, dass Gott ihn retten wird. Es ist bereits eng für ihn geworden, an einer Stelle spricht er sogar von dem ›Netz‹, in dem man ihn fangen will. Aber im Vertrauen auf Gott wechselt seine Perspektive: Er sieht neue Lebensmöglichkeiten und –chancen für sich. Sein Leben erscheint ihm nicht mehr eng und bedroht, sondern als weiter Raum.
Jeder wünscht sich wahrscheinlich, dass er sein Leben als weiten Raum erfährt, den man gestalten und in dem man sich bewegen kann, statt nur in engen Bahnen zu laufen. Wer diesen Vers verinnerlicht, der versteht Gott nicht als jemanden, der einengt, sondern der den Menschen Lebensmöglichkeiten eröffnet.

»Brief an mich« (ca. 5 Minuten)

Jeder Teilnehmer bekommt eine weiße Postkarte und einen Briefumschlag. Die Aufgabe lautet, einen Brief an sich selbst zu schreiben. Der Inhalt des Briefes soll das Erleben mit dem Bibelvers sein, was einem aufgefallen ist, was man sich vornimmt, etc. Und der Brief soll auch tatsächlich wie ein Brief formuliert werden, mit richtigen Sätzen, nicht nur in Stichworten. Jeder Teilnehmer soll ihn an sich selbst schreiben, mit Anrede, Fragen, Aufforderungen, Abschiedsworten …
Der Brief kommt dann in den Briefumschlag, dieser wird zugeklebt und mit der eigenen Adresse versehen. Der Mitarbeiter bekommt die verschlossenen Umschläge und bewahrt sie längere Zeit auf (nicht verraten, wie lange!). Irgendwann, wenn die Teilnehmer nicht mehr damit rechnen (nach zwei Wochen, einem Monat, zwei Monaten…), bekommen sie ihren Brief an sich selbst mit der Post zugeschickt und werden so wieder an den Zuspruch »Du stellst meine Füße auf weiten Raum« erinnert.

Impulse für den Brief:
- Was nehme ich mit?
- Was nehme ich mir vor?
- Was wurde mir klar?
- Was beschäftigt mich?

Tipp

Besonders ansprechend wirkt es, wenn auf der Postkarte zwei kleine Füße aufgemalt, aufgeklebt oder ausgestanzt sind, ebenso auf dem Briefumschlag. Wer möchte, kann auf den Umschlag vor dem Verschicken noch einen passenden Vers schreiben, z.B. »Füße gab der Schöpfer, sie zu benutzen auf dem Weg zu ihm.« (Verfasser unbekannt).

Extra-Special »Bibelvers erfahren an Leib und Seele«
Käsfüßle

Wie wäre es mit einer ganz besonders kunstvollen und kreativen Vertiefung des Bibelverses?! Beim nächsten Treffen ist kreatives Malen und kreatives Backen angesagt: »Käsfüßle«.
Anbei das Rezept, benötigt werden nur noch Füßle-Ausstech-Formen (in Haushaltswarengeschäften erhältlich; andernfalls einfach Pappschablonen herstellen und die Füßle mit dem Messer umfahren).

Hefeteig-Käsfüßle: 500 g Mehl, 1 Prise Salz, 1 Würfel Hefe, ? l lauwarme Milch, 60 g zerlassene Butter, 1 Ei (ergibt 13 »babyfußgroße« Käsfüßle). Hefeteig herstellen, mit Eigelb bestreichen, verzieren mit Paprika, Mohn, Sesam … Bei 150 Grad 20 Minuten backen. Die warmen Käsfüßle bis zu den Zehen hin aufschneiden, mit Butter bestreichen und mit Käse belegen, bei 150 Grad noch 10 Minuten im Ofen aufbacken – ein Genuss!!

Käsemürbteig-Käsfüßle: 250 g Mehl, 1 gestr. TL Backpulver, 1 Prise Salz, 1 Messerspitze Paprika edelsüß, 1 Ei, 125 ml Sahne, 125 g kalte Butter, 200 g geriebener Gouda oder Emmentaler. Alle Zutaten zu einem Knetteig verarbeiten, 15 Min. kalt stellen. Teig ? cm dick ausrollen, Füße ausstechen und mit Eigelb bestreichen. Mit Sesam, Mohn, Kümmel o.ä. verzieren. Bei 180 Grad ca. 12-15 Minuten backen, je nach Größe der Füße.

Kreatives Malen

Während die große Backparty in der Gemeindehausküche startet, liegt im Gruppenraum ein großer Keilrahmen (Bastelgeschäft), der mit Hilfe von Tesa-Krepp-Band in kleinere Felder unterteilt wurde (Größe der Felder ca. 10x13 cm, Größe des Keilrahmens je nach Gruppengröße). Nun darf jeder Teilnehmer eines der Felder gestalten und mit bereitliegenden Acrylfarben (Bastelgeschäft) frei nach Gutdünken etwas zum Thema »Füße« oder »weiter Raum« malen. Besonders gut sieht es aus, wenn nur bestimmte Farben angeboten werden. Dann wirkt das Gesamtkunstwerk später künstlerischer – also eher Ton in Ton als knallbunt. Wichtig: Jeder darf malen, wie es ihm beliebt, konkret oder abstrakt – es wirkt später in der Zusammenschau aller Gemälde auf jeden Fall gut. Außerdem ist es wichtig, dass die ganze Fläche farbig ausgemalt wird und kein weißer Hintergrund mehr zu sehen ist, denn dann kommen die Unterteilungen durch das Kreppband besonders gut zur Geltung. Wenn alles trocken ist, vorsichtig das Kreppband abziehen und einen würdigen Platz für das Kunstwerk suchen. Besonders wertvoll wirkt es, wenn man daneben ein kleines Täfelchen aufhängt mit Titel, Bibelstelle und den Malern.

GOTT SCHAUT DAS HERZ AN

1. Samuel 16,1-13

Kurzbeschreibung
Ein Abend mit Bibliodrama-Elementen zu 1. Samuel 16, 1-13. Eine ganz andere Form, den bekannten Text von »Gott schaut das Herz an« zu erfassen und Verbindungen zum eigenen Leben zu ziehen.
Zeitumfang
Anbei zwei Vorschläge, für 100 und für 160 Minuten. Der längere Vorschlag ist ohne Pausen gerechnet, also auch gut mit Pausen ausgedehnt für einen ganzen Tag oder ein Wochenende zu verwenden.
Teilnehmeranzahl
Mindestens 8, nach oben fast keine Grenzen (allerdings wird es in kleineren Gruppen bis zu 20 Personen intensiver erlebt, ist aber auch mit größeren Gruppen durchführbar).
Material
Tagebuch pro Teilnehmer (Schulheft in der Größe DIN A5 mit leeren Seiten, Umschlag schön beklebt, damit es ansprechend aussieht), CD-Player, lebhafte und meditative Musik, Stifte, Farbstifte, Wachsmalfarben, Bibeltext kopiert auf A4 oder A3 für jeden Teilnehmer, leere weiße Blätter in Größe DIN A3, Karteikarten, Körbchen, Bibeltextkärtchen

Ablauf längere Version (ca. 160 Minuten ohne Pausen)

Ankommen (ca. 8-10 Minuten)
Jeder sucht sich eine gemütliche Ecke / eine bequeme Sitz- oder Liegeposition. Die Teilnehmer schließen die Augen und lassen die Bilder des vergangenen Tages / der vergangenen Woche an ihrem inneren Auge vorbeiziehen. Währenddessen erklingt eine meditative Musik. Nach einigen Minuten erklärt der Mitarbeiter, dass man sich von den vielen Bildern eines festhalten und merken soll.
Anschließend setzen sich immer zwei Teilnehmer zusammen und erzählen sich von ihrem Bild / ihrem Erlebnis. Wenn die Gesamtzeit eher kurz bemessen ist, kann man das gegenseitige Erzählen auch weglassen.

Text hören (ca. 5 Minuten)

Jeder macht es sich bequem, schließt die Augen und hört auf den Bibeltext aus 1. Samuel 16, 1-13, den der Mitarbeiter zweimal hintereinander langsam vorliest. Vor dem inneren Auge soll der Text lebendig werden. Jeder kann sich ausmalen, wie die Personen ausgesehen haben, ihre Mimik, ihre Körperhaltung, die Umgebung, der Ablauf des Geschehens.

Tagebucheintrag (ca. 5 Minuten)

Jeder Teilnehmer erhält ein Tagebuch (s.o. bei Material). In das Tagebuch trägt er nun ein, welche Bilder er sich besonders gut vorstellen konnte, was er spontan von dem Bibeltext hält. Es soll keine Nacherzählung werden, sondern ein Meinungsbild zu dem Text. Nebenher läuft leise meditative Musik.

Impulse für den Tagebucheintrag:

- Meine erste Meinung zum Bibeltext ...
- Welche »inneren Bilder« konnte ich mir beim Vorlesen besonders gut vorstellen?

Gehen im Raum mit Spielleiterimpulsen (ca. 5 Minuten)

Zu einer etwas lebhafteren Musik (ohne Text) bewegen sich die Teilnehmer im Raum. Der Spielleiter / Mitarbeiter gibt immer wieder Impulse:

- gehe »normal« durch den Raum
- drücke in deiner Gangart, Körperhaltung und Mimik Traurigkeit aus (jeder ganz für sich)
- nachdenklich stehen bleiben
- losgehen und aufbrechen, zuerst langsam, dann schneller gehen, ein interessantes Ziel liegt vor dir
- Erschrecken mit Körperhaltung und Mimik ausdrücken – zuerst erschrecken, dann schnell zu einem bestimmten Punkt laufen
- beruhigend nach links und rechts schauen, beschwichtigend mit den Händen gestikulieren, dabei langsam weitergehen
- eine bestimmte Person zuerst mit den Augen fixieren, dann schnell auf diese Person zugehen
- vor der Person stehen bleiben, genau anschauen, dann wieder abwenden und zurückgehen – dies mehrmals hintereinander mit verschiedenen Personen machen
- zuletzt wieder eine bestimmte Person fixieren, auf sie zugehen, genau anschauen, dann umarmen
- jubelnd und beschwingt weiterlaufen, hüpfen, freuen (langsam die Musik ausblenden)

Text bearbeiten (ca. 5-7 Minuten)
Nun erhält jeder Teilnehmer den Bibeltext, kopiert auf DIN A3, und viele verschiedene Farbstifte oder Wachsfarben. Jeder kann nun seinen Bibeltext bunt bearbeiten, Fragezeichen in den Text malen, Ausrufungszeichen, bestimmte Worte oder Sätze hervorheben, Strichmännchen in oder neben den Text malen, farblich jeweils die Stimmungen des Textes / der Personen hervorheben, etc. Dadurch erfasst jeder Teilnehmer den Text noch intensiver und der Text wird zum »eigenen Text«.

Handlungsworte heraussuchen (ca. 5-7 Minuten)
Mit einem Stift sollen nun alle Handlungsworte in dem Text umkreist werden und jeder sucht sich ein Handlungswort heraus, das ihn am meisten anspricht.

Wort gestalten (ca. 10 Minuten)
Auf einem Blatt (DIN A3, alternativ: Plakat) gestaltet nun jeder sein Handlungswort. Dazu werden Wachsmalfarben benutzt. Das Wort kann als Bild gestaltet werden oder man schreibt das Wort hin und wählt dafür entsprechende Farben, sucht Größe und Schriftart passend zum Wort aus (z.B. könnte »Angst« ganz klein, zittrig und schwarz umrandet in eine Ecke geschrieben werden, »warm« mit vielen warmen Farben und fließenden Formen).

Bibeltext auslegen (ca. 7-10 Minuten)
In der Raummitte wird viel Platz geschaffen, alle setzen sich mit ihrem gestalteten Wort außen herum im Kreis. Der Mitarbeiter liest noch einmal langsam den Bibeltext vor. Wenn ein Wort gelesen wird, das jemand gestaltet hat, legt es derjenige in den Kreis. Der Platz, an dem das Wort abgelegt wird, soll bewusst gewählt werden, passend zum Wort – z.B. eher an den Rand des Kreises, genau in die Mitte, neben ein anderes Wort, zu dem es Bezug nimmt oder erhöht auf einen Stuhl. Die Wörter sollen nicht nur in der Reihenfolge abgelegt werden, in der sie nacheinander im Text vorkommen. Die Teilnehmer sollen sie bewusst hinlegen und in Beziehung setzen zu dem Platz und den anderen Wörtern. Auch wenn das gleiche Wort

mehrmals vorkommt, können verschiedene Ablageplätze gewählt werden, weil jeder für sich etwas anderes in sein Wort hineininterpretiert, andere Gedanken und Erfahrungen dahinterstecken. So geschieht eine eindrückliche Textauslegung der besonderen Art.
Danach Zeit lassen, damit alle sich die ausgelegten Wörter anschauen können.

Wörter finden sich (ca. 10 Minuten)
Immer drei bis fünf Personen (je nach Gesamtgruppengröße) gehen nun zusammen in eine Kleingruppe. Die Kleingruppen finden sich dadurch, dass man zu einer / mehreren Personen geht, deren Bilder man besonders interessant fand und mehr darüber erfahren möchte. Sinnvoll ist, wenn möglichst verschiedene Wörter zusammenfinden.
In der Kleingruppe berichtet jeder den anderen, warum ihn gerade dieses Wort angesprochen hat, was er damit verbindet und warum er es so gestaltet hat / was er damit ausdrücken wollte. Die anderen können auch nachfragen und jeder gibt nur so viel zu seinem Bild preis, wie er möchte. Nebenher läuft leise Musik, damit man nicht das Gefühl hat, die anderen Gruppen hören der Erzählung in der eigenen Kleingruppe zu.

Tagebuch (ca. 5 Minuten)
Den bearbeiteten Bibeltext einkleben. Dann soll sich jeder kurz Zeit nehmen und in einigen Sätzen aufschreiben, warum er gerade dieses Wort gewählt hat. Außerdem das gestaltete Wort einkleben.

Bewegungseinheit erarbeiten (ca. 20 Minuten)
Nun überlegt jeder, wie er sein Wort in einer kurzen Bewegung darstellen könnte. Anschließend spielt jeder sein Wort in der Kleingruppe vor. Nun sollen die einzelnen Bewegungen der Kleingruppe zu einer Bewegungseinheit zusammengebaut werden. Eine Bewegung geht in die nächste über, so dass es einen fließenden Übergang gibt – auch vom Sinn passend (passt auf jeden Fall, schließlich sind alle »Handlungs-Bewegungen« aus dem gleichen Bibeltext).
Das sieht konkret so aus: Alle stellen sich in eine Reihe nebeneinander. Der erste Teilnehmer beginnt mit seiner Bewegung (z.B. suchend hin- und herschauen), dann friert er in der Bewegung ein, der zweite Teilnehmer beginnt (z.B. etwas entdecken und aufspringen), wieder einfrieren, etc. Wenn jede Kleingruppe ihre Bewegungseinheit erarbeitet hat, gibt der Mitarbeiter einen weiteren Impuls. Da die Bewegungseinheit später vor der Großgruppe vorgeführt wird, soll in jeder Kleingruppe noch einmal überlegt werden, was mit der Bewegungseinheit dargestellt werden soll.

Nach der Beratungszeit treffen sich die Kleingruppen im Plenum und jede Kleingruppe führt den anderen ihre Bewegungseinheit vor und nennt danach die zugehörigen Handlungswörter aus dem Bibeltext. Dies ist sehr eindrücklich und hebt besondere Stellen aus dem Bibeltext auf ganz neue Weise hervor.

Austausch über den Bibeltext (ca. 5 Minuten)
Anschließend wird der Bibeltext noch einmal vorgelesen und danach im Plenum oder in den Kleingruppen (je nach Gesamtgruppengröße) über den Bibeltext und die dargestellten Handlungswörter geredet.

Impulse:
- Was sagt mir der Text jetzt?
- Was ist mir in der näheren Auseinandersetzung mit dem Bibeltext aufgefallen?
- Welche Worte / Handlungen beschäftigen mich besonders?
- Was hat mich beim Darstellen und / oder beim Anschauen der Bewegungseinheiten angerührt?

Tagebuch (ca. 5 Minuten)
Jeder holt sein Tagebuch hervor. Vom Mitarbeiter gibt es wieder Impulse für den Tagebucheintrag – es ist sinnvoll, noch einmal darauf hinzuweisen, dass nicht alle »bearbeitet« werden müssen, jeder kann wählen, zu welchem Impuls er etwas aufschreiben möchte.

Impulse für den Tagebucheintrag:
- Welche Handlungsworte aus dem Text sprechen mich besonders an?
- Was ärgert mich an dem Text?
- Was gefällt mir an dem Text?
- Wo sehe ich Parallelen zu meinem Leben?
- Was sagt mir der Text jetzt?

Exegese (ca. 5 Minuten)
Es folgen einige exegetische Anmerkungen zu dem Bibeltext vom Mitarbeiter. Wer will, kann sich im Tagebuch Notizen machen.
Geschehen vor 1. Sam. 16: Die Israeliten haben manche Höhen und Tiefen erlebt. Sie wünschen sich einen König, weil alle Nachbarvölker auch einen haben. Saul wird von Gott ausgewählt und durch Samuel, der in Gottes Auftrag handelt, zum König über Israel gesalbt. Saul herrscht als König, doch mit der Zeit gehorcht er Gott nicht mehr. Samuel ist darüber traurig.

Daran schließt der Text 1. Sam. 16 an.
Vers 1-3: Gott lenkt Samuels trauernden Blick in eine hoffnungsvolle Zukunft. Der neue Auftrag an Samuel eröffnet einen neuen Abschnitt in der Geschichte mit dem Volk Israel. Die Erwählung von David soll noch ein Geheimnis bleiben, seine offizielle Salbung vor dem Volk folgt erst viel, viel später. Damit die Salbung verborgen bleibt – vor allem vor Saul – bildet ein Opferfest einen unverfänglichen Anlass.
Vers 4-5: Da die Propheten Israels oft Unheil vorherzusagen hatten, fragen die Ältesten ängstlich nach dem Grund von Samuels Kommen.
Vers 6-7: Die Söhne Isais werden vorgeführt, bevor man sich zum Opfermahl setzt. Da Eliab sehr groß ist, erinnert er an Saul (vgl. 9, 2; 10, 23). Aber Gottes Wahl folgt einem anderen Maßstab. Das Herz ist die unsichtbare Mitte des Menschen, der Ort, an dem er sich für oder gegen Gott entscheidet.
Vers 8-13: David ist gar nicht anwesend. Einer, an den keiner gedacht hat, ist der Erwählte. Auch wenn Gott das Herz ansieht, muss dies nicht heißen, dass seine auserwählten Menschen nicht auch optisch etwas hermachen. Aber das ist für Gott nicht die Voraussetzung, er lässt sich dadurch nicht beeindrucken oder blenden, wie wir Menschen es oft tun. David wird als Gesalbter Gottes dauerhaft zum Träger von Gottes Geist (vgl. 2. Sam. 23, 2) – so, wie es später im gesteigerten Sinne von dem Nachkommen Davids, Jesus, gesagt wird (Mk. 1, 10; Lk. 4, 1; 14, 18). Nachdem Samuel seinen Auftrag erfüllt hat, geht er wieder.

Immer wieder geht es in dem Text um das Sehen, um die Wahrnehmung. Samuel hat zuerst immer noch Saul vor Augen. Dann werden ihm die optisch vor Kraft strotzenden und schönen älteren Söhne Isais vorgeführt. Sie symbolisieren Macht und Stärke – das, was man sich von einem künftigen König wünscht. Samuel (und wir auch!) hätte bestimmt einen von ihnen ausgewählt. Gott hat aber eine andere Wahrnehmung. Er macht uns vor, was wirklich zählt. Er kennt jeden Menschen. Sein Blick fällt auf einen einfachen Hirtenjungen. Wie schwierig ist oft die richtige Deutung von dem, was vor Augen ist. Und doch wäre manches zu erkennen, wenn man genauer hinschauen und sich nicht nur vom Äußeren blenden ließe.

Fragen- und Meinungskörbchen (ca. 10 Minuten)
Jeder bekommt eine Karteikarte und notiert eine Meinung oder ein Frage zu dem Bibeltext, die ihn jetzt gerade bewegt.
Je nach Gesamtgruppengröße werden in der großen Gruppe (oder aber in Kleingruppen) alle Kärtchen der Reihe nach gezogen und Antworten gesucht / Meinungen darüber ausgetauscht. Ähnliche Kärtchen zusammennehmen. Wer möchte, kann sich in seinem Tagebuch Notizen machen. Wichtig sollte aber das Gespräch und der Austausch sein.

Die verschiedenen Rollen in mir selbst suchen (ca. 5-7 Minuten)
Den Bibeltext noch mal lesen, dabei besonders auf die Personen achten, evtl. mit einer besonderen Farbe markieren. Anschließend sucht jeder die verschiedenen Rollen in sich selbst (evtl. Notizen im Tagebuch machen).

Impulse für die Überlegungen:
- Bei Samuel: Wo habe ich um Altes getrauert und Gott öffnete mir den Blick für Neues?
- Bei der Auswahlszene: Wann habe ich ein Auswählen erlebt (Schule / Beruf / Partnerschaft / Geschwister ...)? In welcher Rolle war ich? Wie habe ich mich gefühlt, wenn ich nicht gewählt wurde, wie, als ich ausgewählt wurde?
- In welchen Situationen geht es auch mir so, dass ich nur das sehe, was »vor Augen ist«?
- Wann war es bei mir wichtig, einen neuen Aufbruch zu wagen? Und wann war es wichtig, ein »Eliab« zu sein, der dableibt in der alten Umgebung und dort wirkt und wichtig ist? Wie kann ich merken, was jeweils dran ist? Was hilft mir dabei?

Diese Impulse sind auf Tageslichtprojektor oder Flip-Chart nachzulesen. Jeder hat wieder sein Tagebuch zur Hand und macht sich Notizen zu seinen Gedanken. Genügend Zeit lassen!

Austauschrunde – was mich bewegt (ca. 10 Minuten)
In frei gewählten Kleingruppen folgt ein Austausch über die vorhergehende Phase. Dieser Austausch kann sehr intensiv werden.

Impulse für die Gesprächsrunde:
- Was beschäftigt mich von den Impulsen und Aktionen des bisherigen Abends?
- In welcher Rolle / welchen Rollen habe ich mich wiedergefunden, was hat mich am meisten bewegt?
- Was sagt mir der Bibeltext dazu?

Gottes Brief an mich (ca. 10 Minuten)
Jeder nimmt zum Abschluss noch einmal sein Tagebuch und stellt sich vor, dass Gott selbst einen Brief an ihn persönlich schreibt. So soll dies auch im Tagebuch formuliert werden:

»Liebe/r XY, dich bewegt im Moment … Ich möchte dir …«

Jeder soll versuchen sich vorzustellen, was Gott einem im Moment schreiben / zusprechen würde …

Hilfreich für diese Phase ist, wenn genügend Zeit und Raum vorhanden sind (nicht zu dicht zusammensitzen, schadet der Konzentration und dem freien Schreiben – Stuhlkreis ist nicht sinnvoll, sondern jeder sucht sich eine Ecke im Raum oder vor dem Raum) und im Hintergrund eine leise und beruhigende Musik läuft. Der Hinweis, dass die Ergebnisse der Schreibphase nicht mitgeteilt werden müssen, verleiht den Teilnehmern zusätzlich Sicherheit.

Abschluss (ca. 2 Minuten)
Zum Abschluss treffen sich alle noch einmal im Plenum. Der Mitarbeiter spricht der Gruppe einen Segen zu und schenkt jedem zur Erinnerung den Bibeltext auf einer schönen Karte – eventuell sogar eingerahmt (je nach Kostenbudget), da der vielleicht schon bekannte Text im neu erarbeiteten und sehr persönlich gewordenem Zusammenhang nun eine ganz neue Bedeutung und Tiefe gewonnen hat.
Das Tagebuch darf jeder als Erinnerung mit nach Hause nehmen.

Als Anregung für die Teilnehmer: Jeder kann zu Hause sein Bibeltext-Tagebuch weiterführen und sich auch immer wieder die Gedanken aufschreiben, die ihn zu einem Bibeltext bewegen, ein Bild dazu malen, etc.
Eine besondere Hilfe ist es, wenn die Teilnehmer vom Mitarbeiter eine kleine Auswahl an Bibeltexten zur Erarbeitung mitbekommen.

Tipp
Wenn genügend Zeit zur Verfügung steht, kann man diese Einheit auch gut auseinander ziehen und muss sie nicht nur auf einen Abend beschränken. Auch ein ganzer Nachmittag, ein Samstag oder eine Wochenendfreizeit bieten sich an. Dann kann man sich für die Gestaltungsanteile etwas mehr Zeit lassen und immer wieder Pausen einbauen.

Ablauf kürzere Version (ca. 100 Minuten):

Text hören (ca. 5 Minuten)
Tagebuch (ca. 5 Minuten)
Gehen im Raum mit Spielleiterimpulsen (ca. 5 Minuten)
Handlungsworte heraussuchen (ca. 5-7 Minuten)
Wort gestalten (ca. 10 Minuten)
Bibeltext auslegen (ca. 7-10 Minuten)
Wörter finden sich (ca. 10 Minuten)
Bewegungseinheit erarbeiten (ca. 20 Minuten)
Tagebuch (ca. 5 Minuten)
Austausch über den Bibeltext (ca. 5 Minuten)
Exegese (ca. 5 Minuten)
Brief an mich (ca. 10 Minuten)
Abschluss (ca. 2 Minuten)

ABRAHAM

Genesis 12, 1-3

Kurzbeschreibung

Abraham gilt als Stammvater und er gilt als Vorzeigemodell in Sachen Glauben und Vertrauen. Ein interessanter Mensch, eine interessante Geschichte und viele Gründe, sich mit diesem Menschen einmal näher zu beschäftigen. In dieser Einheit geht es sehr »dezent« zu, neben niedrigschwelligen Bibliodrama-Aufgaben werden auch immer wieder größere exegetische Informationen eingeschoben. Somit eignet sich diese Einheit auch besonders gut für Einsteiger oder Menschen, die sich nicht zu stark bewegen und aus sich herausgehen möchten – und trotzdem werden sie hier noch andere Dinge bei Abraham und bei sich selbst entdecken, als nur durch pures Bibellesen.

Zeitumfang

ca. 70 Minuten

Teilnehmeranzahl

5-25

Material

Papierstreifen mit dem Bibeltext in groß, farbiges DIN A5-Papier, zwei ausgerissene Papierfiguren, bereits ausgeschnittene Papiergedankenblasen und Papiersprechblasen, Stifte

Ablauf

Lesen des Textes (ca. 5 Minuten)

Die Gruppe setzt sich im (Stuhl-)Kreis zusammen, der Mitarbeiter liest den ersten Vers (Genesis 12,1) zweimal vor. Der Text wird auf einem großen Papierstreifen in die Kreismitte gelegt.

Wer möchte, kann vor dem Lesen auch mit dem gemeinsamen Singen eines passenden Liedes beginnen.

Exegetische Informationen zum Verständnis (ca. 7 Minuten)

Der Mitarbeiter gibt zum besseren Verständnis einige Informationen zum Text: Abraham zog mit seinem Vater Terach von Ur in Chaldäa nach Haran (evtl. auf Karte nachschauen). Hier lebt er mit seiner Frau und seiner Familie, seiner Sippe. Seine Frau Sara ist unfruchtbar.

Gott selbst spricht zu Abraham. Und er verlangt von ihm, dass er sich aufmachen soll. Abraham ist 75 Jahre alt. Er soll sein Vaterland verlassen. Zwar ist Abraham hier nicht geboren, er musste schon einmal seine Heimat verlassen. Aber er hat mindestens 40-50 Jahre in diesem Land gelebt und seine Wurzeln geschlagen, eine Beziehung zu diesem Land aufgebaut.
Abraham soll auch seine Verwandtschaft verlassen, seine Sippe, die in der damaligen Zeit noch eine ganz andere Bedeutung hatte als heute. Die Strukturen des Gemeinschaftslebens waren im alten Israel wesentlich durch Verwandtschaftsverhältnisse bestimmt. Eine größere Einheit bildete die Sippe, der Kreis der Blutsverwandten im weiteren Sinne. Sie hat unter anderem rechtliche und kultische Funktionen. Mehrere Sippen bildeten schließlich eine Solidargemeinschaft, einen Stamm. Nach Texten des Richterbuches kam in der Frühzeit dem Stamm besonders im Falle kriegerischer Bedrohung tragende Bedeutung zu. Und aus dieser Gemeinschaft, aus dieser Sicherheit, soll Abraham nun herausgerissen werden.
Zuletzt fordert Gott noch von Abraham das Verlassen seines Vaterhauses, der Familie seines Vaters. Die Forderungen Gottes an Abraham werden immer persönlicher, immer schwerwiegender. Die Einbindung in Familie und Sippe war damals lebenswichtig. Nun ruft Gott Abraham aus der bergenden Gemeinschaft und macht ihn zum Schutz- und Heimatlosen, allein auf den Beistand seines Gottes gestellt.
Gott sagt zu Abraham, dass er in ein Land gehen soll, das er ihm zeigen will. Er nennt Abraham nicht den Namen des Landes und beschreibt das Land auch nicht, sagt nicht, wie es Abraham darin ergehen wird. Keine Aussage, ob es gutes oder schlechtes Land ist, nur ein Landversprechen.

Hineinversetzen in die Personen (ca. 10 Minuten)

Jeder Teilnehmer bekommt nun ein leeres Blatt (DIN A5), aus dem er eine Figur ausreißen soll, ganz grob (es kommt nicht auf Kreativität oder Schönheit an). Als Beispiel werden zwei bereits ausgerissene Figuren in die Mitte gelegt, die sich entweder durch eine andere Farbe oder durch ihre Größe (DIN A4) von den anderen unterscheiden. Die Figuren werden so hingelegt, dass über ihnen der Papierstreifen mit dem Bibeltext liegt.
Jeder legt seine ausgerissene »Person« unter seinen Stuhl und erhält nun vom Mitarbeiter eine Gedankenblase, eine Sprechblase (aus Papier, im Verhältnis passend zu den ausgerissenen Figuren) und einen Stift. Jeder Teilnehmer liest den Bibeltext noch einmal durch. Dann wird auf die Gedankenblase geschrieben, was Abraham oder seiner Frau Sara nach der Aufforderung Gottes wohl durch den Kopf gegangen ist (natürlich muss man bei der Personenwahl nicht automatisch das eigene Geschlecht wählen).
Auf die Sprechblase wird geschrieben, was man Abraham geraten hätte, wenn man ganz ehrlich gewesen wäre. Zu bedenken ist, dass man damals den weiteren

Verlauf der Geschichte nicht gekannt hätte, wie man ihn heute weiß. Wie könnte ein ehrlicher Ratschlag oder vielleicht auch eine ehrliche Frage an Abraham gelautet haben (je ein bis zwei Sätze pro Blase)?

Biblische Figuren und mich selbst sprechen lassen (ca. 10 Minuten)

Der Mitarbeiter weist auf die von den Teilnehmern ausgerissenen Figuren und auf die beiden andersfarbigen, bereits vorbereiteten Figuren hin. Die beiden vorbereiteten Figuren sollen Abraham und Sara darstellen, sie liegen in der Kreismitte. Die anderen Figuren bleiben im Moment noch bei ihren Besitzern und werden im folgenden Verlauf zu Abraham und Sara in Beziehung gesetzt.

Der Bibeltext wird nun vom Mitarbeiter laut vorgelesen. Anschließend legen die Teilnehmer einzeln und nacheinander ihre Abraham-Gedankenblase in die Mitte zu der Abrahamfigur bzw. die Sara-Gedankenblase zu der Sarafigur und lesen den Text der Gedankenblase laut vor.

Noch einmal wird der Bibeltext laut vorgelesen. Dann steht nacheinander jeder Teilnehmer auf und sucht mit seiner ausgerissenen Figur einen Platz innerhalb des (Stuhl-)Kreises, je nach seinen Gefühlen für Abraham und den Gedanken, die ihn bewegen. Wenn ihn Abrahams Gehorsam verwundert und befremdet, legt er seine eigene Figur in entsprechenden Abstand zu Abraham; wenn er es sich selbst auch vorstellen könnte, entsprechend in Abrahams Nähe, ebenso, wenn er ihm Mut machen will .... Zu der Figur wird die Sprechblase gelegt und laut vorgelesen. Wer will, kann auch noch erklärende Worte hinzufügen, dies ist aber nicht nötig, es wird auch so eindrücklich genug werden.

Straßenschwatz (ca. 10 Minuten)

Nun können sich unterschiedliche Personengruppen zusammenfinden. In der ersten Runde finden sich die Teilnehmer in Kleingruppen von drei bis vier Personen zusammen, die ähnlicher Ansicht sind. Das bedeutet, dass sich die »Kritischen« zusammentun, die ihre Papierfiguren von Abraham und Sara entfernt abgelegt haben, und die »Nahestehenden«. In einer kurzen Sequenz soll sich jeder vorstellen, er wäre das Männchen: Was würde er sagen, wenn er seine »Gleichdenkenden«

auf der Straße trifft, wie reden sie über Abraham? In einer zweiten Runde mischen sich diese Grüppchen, Kritiker und »Nahestehende« treffen sich auf der Straße und tun ihre Meinung über Abraham kund.

Meinungsbild (ca. 5 Minuten)

Hat sich etwas verändert? Waren die Argumente der anderen so überzeugend, dass man sein Männchen nun näher an Abraham heranrückt oder noch weiter weg legt? Oder hat man seinen Standpunkt beibehalten?

Hier kann sich eine kleine Austauschrunde anschließen, in der die Teilnehmer berichten, wie sie jetzt gerade zu Abraham stehen.

Exegetische Informationen: Wie es weiterging … (ca. 7 Minuten)

Gott fordert viel von Abraham. Aber er verspricht ihm auch etwas.

Einen weiteren Papierstreifen mit dem zweiten Vers (Genesis 12, 2) zu dem ersten dazulegen und vorlesen.

»Ich will«, sagt Gott. Nicht nur eine Spekulation, sondern Gottes Wille. Gott will Abraham ein Land zeigen. Und er will Abrahams Nachkommen zu einem großen Volk machen. In der guten Nachricht steht: »Ich will dir viele Nachkommen schenken und dich zum Vater eines großen Volkes machen.« Schon die Verheißung, dass aus »Abrahams Samen«, wie es so schön in einem Kirchenlied heißt, ein ganzes Volk entstehen soll, ist gewaltig, zumal der Nachkommenschaft eines Mannes damals noch eine ganz andere Bedeutung zugemessen wurde als heute. Aber wenn man dann noch berücksichtigt, dass Sara, Abrahams Frau, unfruchtbar war und sie noch kein gemeinsames Kind hatten, wie erst kurz zuvor in der Bibel berichtet wird (Gen. 11, 30), so erhält diese Zusage Gottes noch mal eine ganz neue Dimension. Sara ist unfruchtbar und beide sind alt – und Gott verspricht Abraham ein Volk aus seinen Nachkommen. Ein großes Volk.

Das nächste »Ich will« leitet die Segenswünsche ein, die Gott Abraham gibt. Fünf Mal taucht Segen bzw. segnen in Vers 2 und 3 auf. Der Segen ist ein Zuspruch Gottes, eine Zusage, eine Zuwendung zu den Menschen.

Gott will Abraham segnen und ihm einen großen Namen machen. Er wird berühmt werden, eine große Rolle spielen unter den Völkern. In der guten Nachricht ist dieser Teil mit »so wirst du in aller Welt geachtet sein« übersetzt. Und Abraham selbst soll ein Segen sein. Zeichen des Segens ist das Volk, das aus ihm entstehen wird. Und indem Abraham selbst »Erzeuger« dieses großen Volkes wird, ist Abraham selbst ein Segen. Ein Segen, weil er Gott gehorcht. »An dir wird sichtbar werden, was es bedeutet, wenn ich jemand segne« steht in der »Guten Nachricht«.

Papierstreifen mit Vers 3 dazulegen und vorlesen.

Welch eine Zusage! Nicht nur Abraham selbst wird gesegnet, sondern alle, die ihn segnen, die Abraham wohlgesonnen sind. Schon hier ist der Hinweis, dass Gott nicht nur einen Einzelnen Menschen segnet oder nur noch seine Nachkommen – nein, auch andere haben die Möglichkeit, von Gott gesegnet zu werden.
Danach ist vom Gegensatz des Segens die Rede, nämlich vom Fluch. Fluch meint hier Entzug des Segens, so erklärt es ein Bibellexikon. Gott sieht nicht nur die, die Abraham wohlgesonnen gegenüberstehen.
Gott bietet dem Abraham damit eine neue Sicherheit. Er selbst übernimmt den Schutz, den sonst die Sippe gewährt. Man könnte sagen: Abraham wird zur Familie Gottes gehören. Das Alte Testament nennt Gott zwar fast nie »Vater«, wie Jesus es gelehrt hat, aber wenn auch das Wort fehlt, so fehlt die gemeinte Wirklichkeit keinesfalls.

Vers 3b ist in der Bibel kursiv gedruckt, die Bibelgesellschaft will hier auf die besondere Wichtigkeit hinweisen. In Abraham sollen ALLE Geschlechter auf Erden gesegnet sein. Nicht nur seine Nachkommen, das Volk, das Gott Abraham versprochen hat. Hier wird noch einmal deutlich angesprochen, was schon in dem »Ich will dich segnen und du sollst ein Segen sein« anklingt. Dieser Segen ist für alle Völker bestimmt, aber gebunden an den Segen Abrahams. Gott verspricht seinen Segen, mit Abraham und Sara beginnt Gott seine Geschichte, die Geschichte des Volkes Israel. Gott segnet aus seinem göttlichen Willen heraus, der allen Völkern zugute kommen soll. Schon hier denkt Gott nicht nur an das Volk Israel. (Im NT wird dieser Gedanke übrigens wieder aufgenommen: in der Mission.)

Im Neuen Testament gibt es sehr viele Textstellen, die sich auf Gen. 12, 1-3 beziehen (es lohnt sich, diese näher zu studieren). Und es wird klar, dass Gottes Heil nicht erst im Neuen Testament beginnt, Gott verspricht schon Abraham den Segen für die Menschheit. Siehe dazu auch Joh. 1, 1+2: »Im Anfang war das Wort und das Wort war bei Gott und Gott war das Wort. Dasselbe war im Anfang bei Gott.« Jesus war von Anfang an da, eins mit Gott. Und wenn man daran denkt, erscheint auch Gen. 12, 1-3 in einem anderen Licht, die Verheißungen Gottes werden noch klarer und besser beziehbar auf sein Heilshandeln im Neuen Testament.

Kernaussage
In Gen. 12, 1-3 ist klar und deutlich Gottes Verheißung ausgesprochen. Gott handelt zum zweiten Mal als Schöpfer und lässt mitten unter den Völkern ein besonderes Volk heranwachsen. Doch nicht nur für das Volk Israel gilt die Verheißung, sondern »alle, die aus dem Glauben sind, sind Abrahams Kinder« (Gal. 3, 7) – gehören wir Christus, so sind wir Abrahams Kinder (Gal. 3, 29). Gottes Verheißun-

gen werden uns Menschen zugesprochen, bevor der Mensch eine Leistung erbringt!

Konsequenzen für unser Leben heute
Auch heute noch gelten Gottes Verheißungen. Er geleitet durchs Leben und steht zu den Menschen. Die Konsequenzen seines Segens bedeuten aber auch, dass man die anderen teilhaben lässt am Segen, denn es kommt keiner zu kurz. Es bedeutet auch, dass die Menschen in Frieden miteinander leben sollen.

Mein Standpunkt (ca. 5 Minuten)
Immer zwei Teilnehmer setzen sich zusammen und erzählen sich gegenseitig, was sie im Laufe des Abends über Abraham gedacht und gehört haben. Wie war die Meinung zu Beginn, wie als »Ausreißmännchen«, wie beim Straßenschwatz, wie jetzt nach den exegetischen Informationen? Was fasziniert an Abraham, was stört?

Abschluss (ca. 5 Minuten)
Zum Abschluss folgt ein Gebet oder eine Gebetsgemeinschaft mit Vaterunser. Als Erinnerung bekommt jeder Teilnehmer einen ausgeschnittenen Fuß als Symbol für Abraham, der auf Gott vertraute und sich auf die Füße und auf den Weg machte. Auf der einen Seite steht Gen. 12, 1-3, auf der anderen Seite Gal. 3, 7+29.

HANNA

1. Samuel 1

Kurzbeschreibung
Diese Einheit ist zumindest auf den ersten Blick ganz besonders für Frauen geeignet, wobei sie auch in einer geschlechtsgemischten Gruppe ganz interessante Ergebnisse erzielen dürfte. Es geht um eine Frau, die niedergeschlagen ist und gekränkt wird, dann aber aufsteht und ihr Schicksal in die Hand nimmt, Gott herausfordert und ihren Weg findet. Es geht um ganz unterschiedliche Gefühlserfahrungen, in denen sich bestimmt jeder Teilnehmer wiederfinden kann. Ein Schwerpunkt liegt auf dem Nacherleben, kognitive Elemente runden die Einheit ab.
Zeitumfang
ca. 120 Minuten
Teilnehmeranzahl
6-30
Material
Große Papierstreifen, Stifte in verschiedenen Farben, Kopien zum Puls der Geschichte (s. u.), Tücher, Kopien mit Hanna-Gefühls-Raster, Postkarten, Briefumschläge, Briefmarken, CD-Player, ruhige Musik, Segenskärtchen

Ablauf

Hanna – die Vorgeschichte (ca. 8 Minuten)
Die Teilnehmer werden darauf aufmerksam gemacht, dass sie gleich einen Bibeltext hören, in dem es speziell um drei wichtige Personen geht: die Frauen Hanna und Pennina und der Mann Elkana. Während des Zuhörens sollen sich die Teilnehmer diese drei Personen vor ihrem inneren Auge vorstellen und ausmalen: ihre Kleidung, Gesichtsausdruck, Körperhaltung …
Der Mitarbeiter liest 1. Sam. 1, 1-8, am besten aus einer Übersetzung in heutigem Deutsch, z.B. »Hoffnung für alle«.

Anschließend gibt er noch folgende Zusatzinformationen:
Am Anfang der Samuelbücher steht die Geschichte von Hanna. In ihr wird eine Situation aus dem Alltagsleben von Frauen aus der damaligen Zeit beschrieben: Die eine Frau hat Kinder, die andere hat keine Kinder. Daraus entsteht Neid und Konkurrenz zwischen den Frauen. Das war damals nicht anders als heute. Pennina hat Kinder, Hanna hat keine Kinder. Ein typischer Konflikt unter Frauen.

Beide sind sie Frauen eines Mannes, Elkana. Damit reihen sich Hanna und Pennina in die Reihe anderer Frauenpaare aus der Bibel: Hagar und Sara, Rahel und Lea. Das Motiv ist immer dasselbe: Die eine Frau bekommt Kinder, die andere kann keine bekommen. Die eine erlebt gesellschaftliche Anerkennung durch ihre Kinder, die andere ist die geliebte Frau des Mannes. In allen Geschichten entsteht durch diese ungleiche Situation Neid und Konkurrenz, Zwietracht und Streit zwischen den Frauen (Sara schickt Hagar in die Wüste, Rahel neidet ihrer Schwester Lea die Kinder, Pennina kränkt und reizt Hanna).

Nach allem, was wir wissen, war es in der damaligen Zeit kein selbstgewählter Weg für Frauen, keine Kinder zu haben. Wer keine Kinder hat, sorgt nicht für den Fortbestand des Volkes und für den Fortbestand der Gesellschaft. Wer keine Kinder – fast ebenso wichtig: keine Söhne – hat, ist für die Gesellschaft nutzlos.

Manchmal hat man heute den Eindruck, dass es genau umgekehrt ist. Frauen, die Hausfrau sind und sich um ihre Kinder kümmern, sind in der Gesellschaft nicht so anerkannt wie »Leistungs- und Powerfrauen«, auch hier entsteht Neid und Zwietracht. Aber es gibt trotzdem noch viele Frauen, die darunter leiden, dass sie keine Kinder bekommen können.

Unabhängig von dem Kinderthema geht es hier auch um etwas ganz Grundlegendes und Menschliches: Neid, Konkurrenzverhalten, Eifersucht, Angst, nicht anerkannt zu sein, gedemütigt zu werden vor den Augen anderer. Diese Verhaltensweisen und Gefühle hat bestimmt jeder schon erlebt – sei es in der »Opfer-« oder »Täterrolle«.

Zurück zum Bibeltext: Pennina nützt die Situation aus, dass sie Kinder hat und Hanna nicht. Sie, die Kinderreiche, die sozial Anerkannte, kränkt und reizt die Kinderlose. Und das bei einem solch frommen Anlass wie der jährlichen Wallfahrt nach Silo. Ein festlicher Höhepunkt im Jahr, die Reise zum geistlich-religiösen Mittelpunkt von Israel, weil sich hier zu der Zeit die Bundeslade befand.
Spürt Pennina etwas davon, dass sich Elkana mehr zu Hanna hingezogen fühlt? Fühlt sie sich benachteiligt, weil Hanna ein besonderes Stück des Opferfleisches bekommt? Bei dem dargebrachten Dankopfer wurde nur das Fett verbrannt und das Fleisch nach Abzug des Priesteranteils von den Opfernden in froher Mahlzeit an heiliger Stätte verzehrt, als Ausdruck der Gemeinschaft mit Gott und untereinander.

Hanna reagiert auf diese Kränkung so, wie viele Frauen reagieren: Sie weint und isst nicht. Sie zieht sich in sich zurück. Sie wird traurig und depressiv, sie sondert sich vom Leben ab. Das, was sie stärken soll, das Fest in Silo und das üppige Festmahl, verweigert sie.

Elkana sieht ihre Not. Er reagiert liebevoll und zugleich hilflos. Aber Elkana kann Hanna ihr Selbstwertgefühl nicht ersetzen. Hanna kann sich nicht nur über ihren Mann definieren. Kennen wir das auch? So gut es andere mit uns meinen – der Ehemann, Partner, Freunde, Kollegen – wir können uns nicht nur über andere definieren, wir müssen unser Selbstwertgefühl durch das stärken, was wir selber können, haben und leisten.

Kurzer Meinungsaustausch (ca. 5 Minuten)

In einer kurzen Runde kann jeder, der möchte, seinen momentanen Eindruck kundtun. Was halte ich von Hanna, von Pennina, von Elkana? Die Äußerungen bleiben unkommentiert stehen, jeder darf sich seinen eigenen, ersten Eindruck bilden.

Körperübung: Aufstehen (ca. 5 Minuten)

Gemeinsam werden »Aufsteh-Übungen« gemacht: Zuerst setzen sich alle auf ihren Stuhl und stehen auf. Mal schnell, mal langsam. Dann setzen sich alle auf den Boden und stehen auf. Diese Übung »Vom Boden aufstehen« wird in Varianten mehrfach wiederholt, die Teilnehmer sollen das Aufstehen bewusst wahrnehmen. Sie sollen nachempfinden, wie es ist, wenn man am Boden zerstört ist und kaum aufstehen mag, sich dazu zwingt, widerwillig. Dann noch einmal aufstehen – ganz vorsichtig, etwas zögerlich. Beim nächsten Aufstehen geht es um das trotzige Aufstehen, kraftvoll. Dann noch ein letztes Mal aufstehen mit neuem Mut, ein neuer Entschluss ist gefasst.

Wie ging es weiter? (ca. 5 Minuten)

Der Mitarbeiter liest den Bibeltext 1. Sam. 1, 9-18 vor und gibt anschließend folgende Erklärung dazu:

Hanna findet sich nicht mit ihrem Schicksal ab, sie wird aktiv. Sie fällt aus der Rolle, sie steht auf. Sie trifft eine lebenswichtige Entscheidung. Bewegung kommt in die Geschichte. Was zuvor noch endgültig und ausweglos erschien, erscheint nun in einem neuen, unerwarteten Licht. Das Blatt wendet sich.
Hanna steht auf und geht in den Tempel. Sie will von Gott gesehen werden. Er soll ihre Not sehen. Sie will nicht mehr alles hinnehmen, sie will sagen, was ihr Herz bewegt, was sie schmerzt. Ihre Zuflucht ist das Gebet im Tempel von Silo. Dort handelt sie mit Gott. Mitten in ihrem Elend rechnet Hanna mit Gott. In der direkten Begegnung mit ihm erhofft, erbittet, erkämpft sie Veränderung für ihr Leben.

Dort im Tempel legt sie ein Gelübde ab: Wird sie einen Sohn gebären, dann soll er zu Gott gehören. Das erbetene Kind soll nicht ihr Besitz werden, sie braucht den Sohn nicht für sich. Sie will das Kind nicht mehr haben, um ihr Leben aufzuwerten und um ihrem Leben einen Sinn zu geben. Das Gebet hat Hanna verändert. Hier, während des Betens, ändert sich schon ihre Grundhaltung. Das Gebet macht sie zu einem freien Menschen. Hanna muss den erbetenen Sohn nicht für sich behalten, sie kann ihn loslassen und freilassen. Sie wird dieses Geschenk nur für wenige Jahre behalten.

Ihr Gebet ist nicht ohne Folgen. Eli, Priester im Tempel, hat sie beobachtet. Offenbar ist so ein stummes und doch sehr bewegtes Gebet nicht üblich. Er fordert sie heraus: Was tust du hier? Was bedeutet das? Doch Hanna lässt sich nicht einschüchtern oder zurechtbiegen, sie wirkt auch hier wie eine neue Person, voll neuer Kraft. Klar und nüchtern erklärt sie Eli ihr Anliegen. Und er versteht sie, gibt ihr seinen Segen mit auf den Weg. Aufrecht, frei, ermutigt und getröstet geht Hanna ihren Weg.

Rein und raus (ca. 5 Minuten)

Im Raum wird durch Stühle, Kissen oder ähnliches ein Bereich angedeutet, der den Tempel darstellen soll, ebenso werden mehrere Eingänge angedeutet (freier Platz zwischen zwei Stühlen o.ä.). Nun kann jeder Teilnehmer mehrmals ausprobieren, wie Hanna in den Tempel hinein und wie sie herausgegangen ist. Wie war jeweils ihr Gesichtsausdruck? Wie ihre Körperhaltung?
Je nach Gruppengröße und Vertrautheit der Gruppe macht man diese Übung eher anonym, also jeder für sich oder man zeigt es sich in Kleingruppen und spricht über den Eindruck, über Hannas mögliche Körperhaltung, die ihre Gefühle wider-

 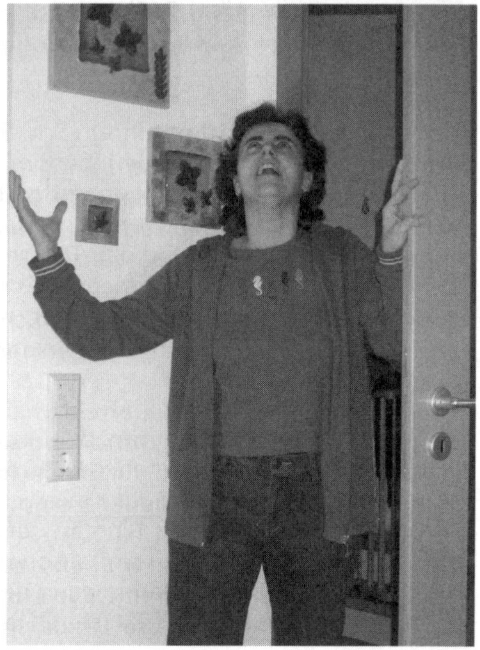

spiegelt. Das Ganze kann auch noch mal kombiniert werden mit Aufstehen und Losgehen. Durch diese Übung wird die Wahrnehmung des Bibeltextes persönlich erlebbar.

Spontantheater (ca. 5 Minuten)
Die Teilnehmer teilen sich in Zweiergruppen auf und verteilen jeweils die Rollen Hanna und Pennina. In einem spontanen Rollenspiel soll nachgespielt werden, wie die Begegnung zwischen Hanna und Pennina verlaufen sein könnte, nachdem die beiden Frauen kurz nach Hannas Tempelgebet aufeinander treffen. Was könnten sie gesagt haben? Was könnte passiert sein?
In den Zweiergruppen kann die Szene mit getauschten Rollen wiederholt gespielt werden.

Austauschrunde (ca. 5 Minuten)
Je nach Gesamtgruppengröße folgt nun eine Austauschrunde in der ganzen Gruppe oder in Kleingruppen. Den anderen wird berichtet, wie die fiktive Begegnung

von Hanna und Pennina verlaufen ist, die spontanen Rollenspiele werden verglichen, Kommentare zum Text, Meinungen zu Hanna werden sich automatisch miteinflechten.

Nachgeschichte (ca. 3 Minuten)
In der Gesamtgruppe wird der Bibeltext Vers 19+20 vorgelesen. Es folgt eine Erklärung dazu und zu den nicht vorgelesenen Versen (Hinweis an die Teilnehmer geben, dass sie zu Hause den ganzen Text selber nachlesen können):

Das Wunder der Geburt geschieht, auch völlig gegen unsere menschlichen Erfahrungen. Hanna bekommt den langersehnten, von Gott erbetenen Sohn und nennt ihn auch so: Samuel.
Sie löst nach der Stillzeit (dauerte damals in Israel gute drei Jahre) ihr Gelübde ein. Sie bringt Samuel dorthin zurück, wo sie ihn erbeten hatte. Von dort aus nimmt die Geschichte Samuels und die Geschichte des Volkes Israel ihren Lauf – spannend, von dieser Geschichte ausgehend einmal nachzulesen, was Samuel für ein Mann war und was er alles erlebt hat! Am Anfang dieser Geschichte aber steht Hanna, eine kinderlose Frau. Wie so oft benutzt Gott nicht nur »Top-Typen«, bei denen alles bis aufs i-Tüpfelchen stimmt. Die Mutter des großen Propheten Samuel ist eine Frau, die zuerst eher depressiv ist, die in den Augen anderer als Versager dasteht. Gott belohnt ihren Mut, aufzustehen und nicht nur alles hinzunehmen.

Stichelzettel (ca. 10 Minuten)
Nachdem die Teilnehmer die Vor- und Nachgeschichte kennen, wird der Fokus an diesem Abend noch einmal auf den Mittelteil der biblischen Erzählung gelegt. Es geht noch einmal um das Erleben: Hanna ist traurig – Pennina stichelt, kränkt sie.
Vers 1-8 wird noch einmal für alle laut vorgelesen.
Dann bekommen die Teilnehmer die Aufgabe, Sticheleien und Kränkungen mit passenden Farben auf Papierstreifen zu schreiben. Jeder erhält zwei Papierstreifen. Auf einen soll eine Stichelei / Kränkung geschrieben werden, die damals an Hanna gerichtet war – vielleicht von Pennina formuliert oder von einer Nachbarin oder ... Auf den zweiten Papierstreifen soll eine Stichelei / Kränkung geschrieben werden aus der heutigen Zeit, die an einen Menschen / eine Frau von heute gerichtet ist.
Wenn alle ihre Zettel geschrieben haben, liest immer ein Teilnehmer seine Stichelei vor und legt sie in die Mitte – zuerst kommen alle »Hanna-Sticheleien« in die Mitte, rundherum dann die »heutigen Kränkungssätze«.
Hinweis: Durch diese Aktion entsteht eine »schwere« Mitte. Solche Sätze können schwer auf einem Menschen lasten, können ihn herunterziehen. Es ist sehr wich-

tig, nicht gerade jetzt eine Pause einzuschieben, sondern diese Schwere durch das nächste Gespräch anzupacken und aufzulösen.

Austauschrunde in Kleingruppen (ca. 8 Minuten)

In Kleingruppen wird darüber geredet, wie man sich bei Kränkungen und Sticheleien fühlt. Die Teilnehmer können gemeinsam erarbeiten, wie man sich ganz unterschiedlich gegen Sticheleien wehren kann und wann man wehrlos ist.
Außerdem soll ein Austausch darüber erfolgen, welchen Eindruck die Teilnehmenden von Hanna / und Pennina haben.

Puls der Geschichte: Hanna steht auf (ca. 10 Minuten)

Jeder Teilnehmer erhält eine Kopie, auf der ein Diagramm und die Verse 1-11 + 18 abgedruckt sind (mit Absicht sind einige Verse ausgespart, die ja vorhin schon angerissen wurden – der Schwerpunkt soll hier auf den abgedruckten Versen liegen). Die Aufgabe ist, sich noch einmal ganz in Hanna hineinzuversetzen und Vers für Vers nachzuempfinden, wie ihr Pulsschlag bei diesem Erlebnis war. Pro Vers wird dann in dem Diagramm ein Kreuzchen eingezeichnet und am Ende alle Punkte mit einer Kurve verbunden. Wichtig ist der Hinweis, dass es hier kein Richtig und Falsch geben kann, sondern nur ein persönliches Empfinden, das bei jedem anders aussehen kann. Im Anschluss setzen sich immer drei bis vier Teilnehmer zusammen und vergleichen ihre Pulskurve – automatisch wird sich ein Gespräch entwickeln, in dem man sich über die unterschiedlichen Eindrücke austauscht. Dabei wird auch jeder einzelne Bibelvers sehr genau unter die Lupe genommen.

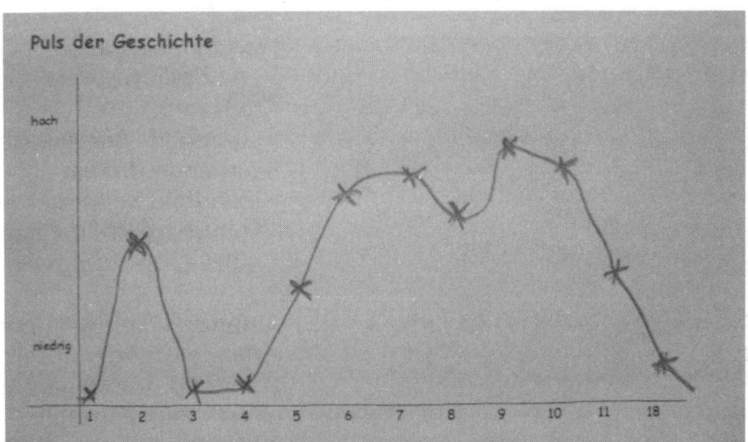

Puls der Geschichte

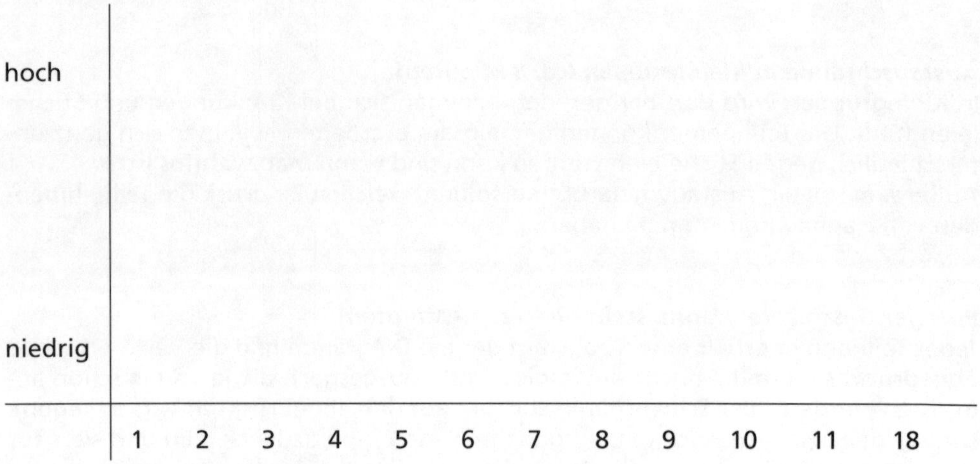

Standbilder stellen (ca. 10 Minuten)

Die Gesamtgruppe wird in vier Kleingruppen aufgeteilt, bei einer sehr großen Gruppe wählt man acht Gruppen und gibt je zweien die gleiche Aufgabe.
Jede der vier Kleingruppen erhält die Aufgabe, einen Teilnehmer vorsichtig als Standbild der Hanna zu formen – als Hilfe dürfen bereitliegende Tücher verwendet werden.

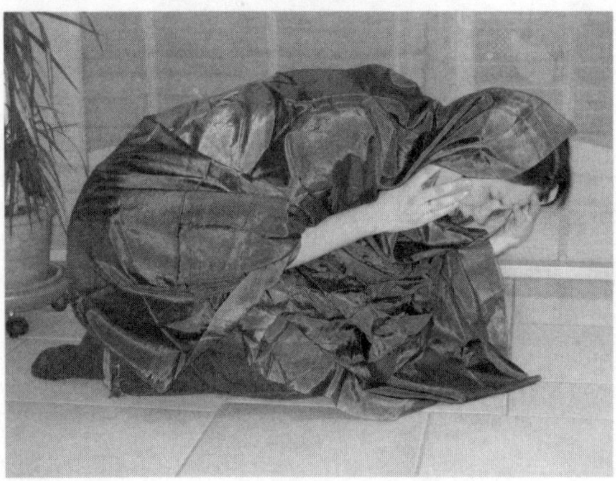

Standbildaufgaben

- Standbild traurige, gedemütigte Hanna
- Standbild entschlossene, aufstehende Hanna
- Standbild betende Hanna
- Standbild Hanna nach Gebet, befreit, hoffnungsvoll

Außerdem soll sich jede Gruppe einen passenden Titel zu ihrem Standbild überlegen, groß auf einen Papierstreifen schreiben und unter das Standbild legen.

Nach dem Formen setzen sich alle »Former« hin und der Mitarbeiter geht zu den einzelnen Hanna-Standbildern (in obiger Reihenfolge) und liest die Titel der Standbilder vor, lässt das Bild wirken.

Der Statue eine Stimme geben (ca. 10 Minuten)

Nun kann sich jeder Teilnehmer überlegen, welche Hanna ihn gerade am meisten berührt. Weil er sie besonders gut versteht, weil sie ihm Leid tut, weil er sich über sie ärgert – es gibt viele Möglichkeiten, warum man angerührt sein kann. Dieser ausgewählten Hanna-Statue soll nun jeder Teilnehmer eine Stimme geben. Der Reihe nach steht immer ein Teilnehmer auf, stellt sich hinter »seine« gewählte Hanna und sagt einen Satz, den diese Hanna gerade sagen oder denken könnte. Dann setzt er sich wieder hin und der nächste Teilnehmer ist an der Reihe. Diese Sätze bleiben unkommentiert im Raum stehen.
In einer zweiten Runde stellt sich jeder Teilnehmer (wieder der Reihe nach) vor »seine« Hanna und sagt etwas zu ihr. Vielleicht einen Trost oder auch ein Lob, vielleicht eine Anklage oder einen Vorwurf.
Hinweise:
Wenn die Zeit knapp bemessen ist, kann man hieraus auch nur eine Runde machen und jeder entscheidet, ob er Hanna sprechen lässt oder zu ihr spricht.
Als Mitarbeiter sollte man darauf achten, dass jede Hanna wenigstens ein Mal beachtet wurde, weil dies für die betreffende Hanna sonst ein seltsames Erlebnis ist. Wurde also eine Hanna mit keinem Satz bedacht, schließt sich der Mitarbeiter am Ende an und wählt dann diese Hanna für seinen Satz.

Zum Schluss werden die »Hannas« aufgefordert, ihr Tuch und ihren Papierstreifentitel in der Mitte bewusst abzulegen und damit wieder in ihre eigene Haut zu schlüpfen. Dieses Ritual ist hilfreich, um wieder einen Abstand zu der Statue zu gewinnen, da die gesprochenen Sätze sehr eindrücklich sind und auch persönlich nachempfunden werden.

Austauschrunde (ca. 5 Minuten)

Je nach Gesamtgruppengröße folgt nun eine Austauschrunde mit allen Teilnehmern oder in Kleingruppen.

Impulse:

- Was war mir besonders eindrücklich (Körperhaltung, Stimme geben)?
- Frage an jeden persönlich: Mit welcher Hanna kann ich mich im Moment am meisten identifizieren? (Dies kann auch in einer stillen Zeit von jedem persönlich »bedacht« werden, da es sehr privat ist.)

Hanna-Erfahrungen in meinem Leben (ca. 8 Minuten)

In der folgenden Aufgabe geht es darum, Erfahrungen, von denen der Bibeltext spricht, in meinem eigenen Leben aufzusuchen (Kindheit / Jugend / Heute). Dazu erhält jeder Teilnehmer wieder eine Kopie mit einem Raster, in dem eigene Erlebnisse notiert werden können. Wichtig für die Teilnehmer ist die Ankündigung, dass diese Ergebnisse später nicht in der Gruppe hergezeigt oder besprochen werden. So kann jeder die Einträge machen, ohne die Angst zu haben, dass er später dafür beurteilt wird.

Hannas Erfahrungen und Gefühle gespiegelt in meinem Leben

Auch ich war …

…traurig, gekränkt, gedemütigt	
…entschlossen, aufgestanden zur Tat	
…betend und bittend	
…befreit, hoffnungsvoll nach vorne schauend	

Hannas Brief an mich (ca. 5 Minuten)

In der Mitte werden Stifte, Briefumschläge und schöne Postkarten ausgelegt. Jeder Teilnehmer wählt sich eine Karte und schreibt einen kurzen Brief von Hanna an sich selbst.

Was könnte Hanna mir jetzt in meine momentane persönliche Situation schreiben?

Was würde sie mir sagen, raten?
Vielleicht ist es eine Hilfe, wenn sich die Teilnehmer noch mal an die sprechenden Hanna-Standbilder von vorhin erinnern. Im Hintergrund läuft in der Zeit eine ruhige Musik.
Die Karte wird dann in einen Briefumschlag gesteckt, der zugeklebt und mit der eigenen Adresse versehen wird. Der Mitarbeiter sammelt die Umschläge ein und wird sie nach geraumer Zeit den Teilnehmern zuschicken.

Hannas Lobgesang (ca. 3 Minuten)
Den Teilnehmern wird erzählt, dass die Geschichte von Hanna noch weitergegangen ist. Sie hat einen Lobgesang auf Gott gesungen, den jeder zu Hause in Ruhe einmal nachlesen und nachempfinden kann. Hier nur ein kleiner Ausschnitt: 1. Sam. 2, Vers 1 und 2 werden vorgelesen und folgende Erklärung dazu gegeben:

Hannas Lobgesang stellt ihre eigene Erfahrung in einen weltweiten Zusammenhang: Es ist eine Befreiungsgeschichte Gottes. Gott befreit durch sein Handeln. In allen Befreiungsgeschichten erkennt Hanna Gottes Handeln, so wie sie es selbst erlebt hat. Deshalb zählt sie diese Befreiungstaten in ihrem Lobgesang auf.
Ein Lobgesang, alle Welt soll es hören. Jetzt kann sie laut singen, voll Freude, voll Selbstbewusstsein. Hanna hat Gott am eigenen Leib erfahren. Durch ihre Erfahrung mit Gott hat sich ihr Leben verändert und die Welt ist für sie eine andere geworden.
Im Lukas-Evangelium ist der Lobgesang Hannas die Vorlage für den Lobgesang der Maria, das Magnifikat. Weitere Lobgesänge von Frauen sind in der Bibel zu finden (Richterin Debora in Ri. 4 und Psalm der kinderlosen Frau, die erhört wird Ps. 113).
Einige Verse später, als es eigentlich schon um die Söhne Elis und den erwachsen werdenden Samuel geht, erfahren wir sogar noch, dass Hanna und Elkana noch weitere Kinder bekamen, drei Söhne und zwei Töchter. Klingt fast wie ein Happy End aus Hollywood. Damit dieser Eindruck nicht so entsteht, erscheint diese Information als nebensächlicher Zusatz im biblischen Text. Zum Mitfreuen. Aber das eigentlich Wichtige steht vorne: Das Aufstehen Hannas, ihr Gebet vor Gott und ihre Befreiung.

Abschluss (ca. 5 Minuten)
Eine letzte Austauschrunde schließt sich an. Im Rückblick auf die gesamte Einheit soll jeder Teilnehmer nur einen Satz formulieren zu der Frage:
Was wurde mir klar?
Was nehme ich mit?

Diese Sätze werden reihum gesagt und wieder unkommentiert im Raum stehen gelassen.
Zum Abschied bekommen die Teilnehmer einen passenden Segen zugesprochen und den Segen als Lesezeichen zum Mitnehmen.

Weitere passende Aktionen
Wer für diese Einheit viel Zeit hat, könnte noch folgende Elemente einbauen:
Fragezettel und Meinungszettel schreiben, gemeinsam nach Antworten suchen
Gespräch in Viererrunde Hanna / Pennina / Elkana / Eli
Eigenen Lobgesang / Psalm schreiben

VERÄNDERUNG DURCH DEN HEILIGEN GEIST

Galater 5, 20-25

Kurzbeschreibung
Ein Abend zum Thema Heiliger Geist, der nicht theoretisch verkopft ist, sondern persönlich erlebbar wird. Einfache Bibliodrama-Elemente ermöglichen einen individuellen Zugang zu dem abstrakten Thema.
Zeitumfang
ca. 145 Minuten
Teilnehmeranzahl
Ab drei Personen möglich, bis zu 15 Personen ideal, bei größeren Gruppen viel mit Kleingruppen arbeiten und darauf achten, dass genügend Mitarbeiter da sind, die die Kleingruppenphasen begleiten.
Material
Schön gestaltete Mitte durch Blumenstrauß, schönes Tuch o.ä., Bibeltext Gal. 5, 20-25 nach »Hoffnung für alle« für den Mitarbeiter / evtl. auch für die Teilnehmer, weißes Papier, Wachsmalfarben, CD-Player, ruhige und fröhliche Musik, evtl. Passionsmusik, großes Holzkreuz, Hammer, Nägel, helle Tücher (eher fließende Stoffe), große weiße Kerze, Teelichter, Streichhölzer

Ablauf

Ankommen (ca. 10 Minuten)
Jeder Teilnehmer soll erst einmal gemütlich ankommen und den Tag hinter sich lassen. Je nach Gruppe bieten sich hier Gespräche an, Lieder singen oder ähnliches.

Begegnung mit dem Text (ca. 10 Minuten)
Hören auf den Bibeltext: Der Mitarbeiter liest den Bibeltext Gal. 5, 20-25 nach der Übersetzung »Hoffnung für alle« einmal vor. Danach erklärt er, dass es in diesem Text um negative und positive Eigenschaften geht. Er wird den Text noch ein oder gegebenenfalls zwei Mal vorlesen und jeder Teilnehmer soll genau hinhören und sich zwei Eigenschaften »raushören«: eine negative und eine positive. Die negative Eigenschaft kann eine sein, die mich persönlich betrifft, ärgert, an mir stört. Die

positive Eigenschaft kann eine sein, die ich schon besitze und über die ich mich freue oder eine, die ich gerne noch hätte.

Bibeltext und persönliches Empfinden verknüpfen (ca. 15 Minuten)

Jeder Teilnehmer erhält nun zwei weiße Blätter (DIN A5 oder DIN A4) und Wachsmalfarben. Die Aufgabe ist, auf dem einen Blatt die positive Eigenschaft zu gestalten und auf dem anderen die negative Eigenschaft. Dazu wird das Wort auf das Blatt geschrieben – jeweils zum Wort passend groß oder klein, in hellen oder dunklen Farben, evtl. mit passenden Symbolen … Ein Beispiel: Neid könnte ganz dick und rot geschrieben werden und vielleicht freundliche Farben verdrängen, Frieden könnte in weichen Formen geschrieben werden, versehen mit einer weißen Taube. Der Gestaltungsfreudigkeit sind hier keine Grenzen gesetzt.

Wichtig zu erwähnen wäre, dass es nicht auf künstlerische Hochleistungen ankommt. Es geht nicht darum, für andere etwas zu malen, sondern sich mit dem Wort und der Gestaltung auseinander zu setzen und dadurch dem Bibeltext auf persönliche Art und Weise näher zu kommen. Dies ist wichtig, damit die Teilnehmer vom »Leistungsdenken« wegkommen und sich wirklich frei und ohne Hemmungen über ihre vorhandene oder nicht vorhandene künstlerische Ader auf diese Gestaltungszeit einlassen können.

Ideal ist, wenn nebenher leise, sanfte Musik läuft und jeder konzentriert für sich arbeitet, ohne lebhafte Nebengespräche.

Austausch in Kleingruppen (ca. 20 Minuten)

Je nach Gruppengröße setzen sich die Teilnehmer nun in der gesamten Gruppe oder in Kleingruppen zusammen. Eine Gesprächsgruppe sollte nicht mehr als vier bis fünf Personen umfassen.

Die Austauschrunde dreht sich um die gestalteten Wörter. Nacheinander zeigt und erklärt jeder sein positives und sein negatives Wort, begründet, warum er es ausgesucht hat, warum er es so gestaltet hat, wie sein persönlicher Bezug zu diesem Wort ist. Hierbei gilt, dass man nur so viel erzählt, wie man preisgeben will, schließlich geht es bei den negativen Eigenschaften sehr ans persönliche Empfinden. Der Mitarbeiter sollte hier auf eine behutsame Gesprächsführung achten.

Selbstsüchtige Wesensarten am Kreuz ablegen / ans Kreuz schlagen (ca. 5 Minuten)

In die Kreismitte wird ein großes Holzkreuz gelegt (aus Ästen oder größeren Holzlatten zusammengebunden / genagelt), außerdem Hammer und größere Nägel. Jeder darf nun seine negative Eigenschaft, die ihn an sich stört, an das Kreuz nageln und somit an Jesus abgeben. Damit dies eine symbolische und bedeutsame Handlung wird, ist es wichtig, diese symbolische Handlung vorher zu erläutern und die entsprechende Atmosphäre dafür zu schaffen. Evtl. Passionsmusik dazu im Hintergrund laufen lassen oder selbst passende Lieder nebenher mit der Gruppe singen. Man kann die Wörter auch »nur« am Kreuz ablegen, wobei das Annageln einen tieferen symbolischen Wert hat.

Neues Leben durch den Heiligen Geist (ca. 10 Minuten)
Neben das Kreuz in der Kreismitte werden als Symbol für den Heiligen Geist weiße und gelbe luftige Tücher ausgelegt. In die Mitte wird eine große, weiße Kerze gestellt und angezündet, die Tücher werden evtl. mit Blumen bestreut. Je nach zur Verfügung stehender Zeit hat der Gruppenleiter dies schon vorbereitet oder er hält verschiedenes Material bereit und lässt die Teilnehmer selbst entscheiden, was für sie den Heiligen Geist am besten symbolisiert. In dieser Phase wird sich automatisch ein Gespräch entwickeln, was der Heilige Geist für jeden Einzelnen ist, warum er gerade diese oder jene Farbe auswählen würde …

Nun folgt wieder eine Zeit der symbolischen Handlung, in der nebenher passende fröhliche / ruhige Musik läuft oder passende Lieder gesungen werden. Zuvor erläutert der Gruppenleiter die Bedeutung dieser Symbolhandlung: Sie soll verdeutlichen, dass man dem Heiligen Geist für diese positive Eigenschaft an sich selber dankt oder ihn bittet, zu helfen, wenn man sich um diese positive Eigenschaft bemüht. Einer nach dem anderen legt nun seine positive Eigenschaft auf dem Tuch, das den Heiligen Geist symbolisiert, ab und entzündet an der großen Kerze ein Teelicht.

Theateraufgabe (ca. 20 Minuten)
In Kleingruppen zu je ca. drei bis vier Personen soll eine kleine Szene überlegt werden. Der Bibeltext sagt, dass der Mensch durch den Heiligen Geist neues Leben hat. Damit dies auch konkret sichtbar wird, entwickelt jede Kleingruppe eine Theaterszene, in der »ihre« vorher gestalteten positiven und evtl. auch die negativen Eigenschaften einfließen. In der Szene könnte zum Beispiel dargestellt werden, wie jemand im Beruf neidisch auf einen Kollegen ist und ihn deshalb ärgert und sich die Situation wandelt und sie zu einem guten Verhältnis finden. Wichtig ist, dass es Szenen aus dem tatsächlichen Alltag sein sollen, nichts Abstraktes, damit bei den »Aufführungen« der Theaterszenen in der Gesamtgruppe deutlich wird, wie neues Leben durch den Heiligen Geist aussehen kann.
Diese Szene wird zuerst in den Kleingruppen entwickelt und dann im Plenum vorgeführt.

Zusätzliches Doppeln (ca. 10-15 Minuten)
Wenn die Zeit knapp bemessen ist, diesen Teil weglassen; wenn man genügend Zeit hat und die Teilnehmer noch ernsthaft und konzentriert bei der Sache sind, diesen zusätzlichen Schritt des Doppelns an den Theaterteil anfügen:

Nach jeder Aufführung frieren die Schauspieler in ihrer Haltung ein. Die Zuschauer gehen nun nacheinander zu jeweils einer ausgewählten »eingefrorenen Person« und sagen zu dieser laut einen Satz – z.B. was man gut findet, eine Umsetzungsidee, ein bestärkender Satz … Als Beispiel: Zuschauer A geht zu Schauspieler X und sagt zu ihm: »Hey, das fand ich echt klasse, wie du dem geholfen hast!«; oder Zuschauer B geht zu Schauspieler Y und sagt: »Ich wünsche dir Gottes Hilfe dabei, weiterhin so geduldig zu sein!«. Die angesprochenen Schauspieler bleiben so lange eingefroren stehen, bis alle Zuschauer »gedoppelt« haben – ohne Kommentare zu den Dopplungssätzen zu geben. Der Gruppenleiter sollte darauf achten, dass zu jedem Schauspieler etwas gesagt wird.

Liedblock (ca. 10-15 Minuten)
Es folgt eine gemeinsame Sing- und Lobpreiszeit.

»Spirituelle Zeit« (ca. 20-30 Minuten)
Zum Abschluss des Abends bekommt jeder Teilnehmer Zeit, vor Gott zu treten, die Spiritualität zu spüren, dem Heiligen Geist zu begegnen. Dafür werden unterschiedliche Möglichkeiten angeboten, da schließlich auch die Teilnehmer unterschiedliche Persönlichkeiten sind und von unterschiedlichen Angeboten angesprochen werden. Jeder Teilnehmer wählt im Folgenden eine Form der Auseinandersetzung, die ihn am meisten anspricht.
Der Mitarbeiter stellt den Teilnehmern kurz die Stationen vor, damit es später keine Unklarheiten und Unruhe durch Rückfragen gibt. Sinnvoll ist es auch, zusätzlich die Stationen zu beschriften und mit einer »Kurzanleitung« zu versehen.

Wasserblumen
Material: Scheren, auf buntes Papier (kein Karton!) aufgemalte Blumen (siehe Schablone), wasserfeste Stifte, große Wasserschale
So geht`s: Eine Blume aussuchen und ausschneiden. In die Blume mit wasserfestem Stift (Bleistift, Kuli) ein Gebet schreiben, Gründe zum Danken, eine Fürbitte … Danach alle Blütenblätter nach innen falten und die Blume vorsichtig ins Wasser legen – jetzt kann man zuschauen, wie sie als Symbol der Freude und Dankbarkeit / Fürbitte aufgeht.

Das will ich für mich festhalten
Material: schöne Kärtchen, Briefpapier, Umschläge, Stifte
So geht`s: Kärtchen / Briefpapier und Umschläge liegen bereit, man kann nun in Ruhe für sich festhalten, was einem an diesem Abend wichtig geworden ist. Zu Hause kann man den Brief in die Bibel legen, ins Tagebuch kleben oder jemandem geben, der einem den Brief als Erinnerung zwei bis drei Wochen später zuschickt.

Ans Kreuz treten
An das Kreuz treten und die Stille und das Gebet mit Gott suchen.

Kerze entzünden für andere
Material: große Kerze, Teelichter
Bewusst eine Kerze für jemanden anderen entzünden, an den man gerade besonders denken will. Gott in der Stille diesen Menschen anvertrauen, für ihn beten.

Hinweis
Weitere Anregungen sind in dem Entwurf »Bausteine für einen besonderen Abend der Stille« zu finden.

Abschluss (ca. 5 Minuten)
Gemeinsam wird ein Abschlusslied gesungen und den Teilnehmern ein Segenswort zugesprochen.

Galater 5, 20-25

Gebt ihr euren selbstsüchtigen Wünschen nach, ist allen klar, wohin das führt. Feindseligkeit, Streitsucht, unberechenbare Eifersucht, Intrigen, Uneinigkeit und Spaltungen bestimmen dann das Leben ebenso wie Neid, Trunksucht, üppige Gelage und ähnliche Dinge. Ich habe es schon oft gesagt und warne euch hier noch einmal: Wer so lebt, wird niemals in Gottes Reich kommen. Dagegen bringt der Heilige Geist in unserem Leben nur Gutes hervor: Liebe und Freude, Frieden und Geduld, Freundlichkeit, Güte und Treue, Besonnenheit und Selbstbeherrschung. Ist das bei euch so? Dann braucht ihr kein Gesetz zu fürchten. Es ist wahr: Wer zu Christus gehört, der hat sein selbstsüchtiges Wesen mit allen Leidenschaften und Begierden an das Kreuz geschlagen. Durch den Heiligen Geist haben wir neues Leben und das soll jetzt auch bei uns sichtbar werden.

DIE HEILUNG EINER BLUTFLÜSSIGEN FRAU

Lukas 8, 43-48

Kurzbeschreibung
Der Schwerpunkt dieses Entwurfs liegt neben dem Nachspüren und Nachfühlen des Bibeltextes auf der Auseinandersetzung mit dem genauen Bibeltext und dem kreativen Austausch darüber.
Zeitumfang
ca. 80 Minuten
Teilnehmeranzahl
6-36
Material
CD-Player, lebhafte und ruhige Musik, Farbstifte, Bibeltextkopien mit Randmalplatz, überdimensional großer Bibeltext, Satzzeichenschildchen, Pulsdiagrammkopien, Worteckenplakate, Briefbogen, Stifte

Ablauf

Ankommen (ca. 5 Minuten)
Die Teilnehmer setzen sich zu zweit zusammen und erzählen sich gegenseitig ein Erlebnis des vergangenen Tages, was sie besonders gefreut / überrascht / beeindruckt hat.
Dann wird eine lebhafte Musik abgespielt und alle Teilnehmer bewegen sich dazu im Raum. Impulse des Mitarbeiters während dieser Phase:
Erinnere dich noch einmal an das Erlebnis, von dem du gerade berichtet hast. Erinnere dich daran, wie du dich bei dem Erlebnis gefühlt hast, gehe mit diesem Gefühl durch den Raum... Gehe jetzt traurig und bedrückt... nachdenklich... Hilfe suchend... flehend... ängstlich... unsicher... zielsicher... selbstbewusst... Gehe jetzt wieder ganz entspannt.

Worte-Raum-Ecken (ca. 8 Minuten)
In allen vier Ecken des Raumes wird jeweils ein Plakat an die Wand geheftet. Aufschrift der Plakate: traurig und aussichtslos / hoffnungsvoll vorangehen / unsicher

und ängstlich / freudig und mit Zukunftsperspektive. Die Teilnehmer bewegen sich zu ruhiger Musik im Raum, machen sich in den jeweiligen Plakat-Ecken Gedanken zu den Worten und Assoziationen zum eigenen Leben und sollen sich dann für eine Ecke entscheiden. Sie sollen zu dem Plakat gehen, das sie am stärksten anspricht oder ärgert. Wenn alle sich einer Ecke zugeordnet haben, findet dort ein Gespräch statt und die Teilnehmer sollen sich gegenseitig erzählen, warum sie gerade bei diesem Wort gelandet sind, was sie anspricht, ärgert …

Hören (ca. 3 Minuten)
Auf dem Hintergrund der bisherigen Aktionen darf sich nun jeder Teilnehmer einen Sitzplatz suchen und der Bibeltext Lk. 8, 43-48 wird langsam vorgelesen.

»Randmalen« (ca. 8 Minuten)
Die Teilnehmer bekommen Farbstifte und die »Randmalen-Kopien« ausgeteilt. Jeder soll für sich den Bibeltext durchlesen und passend dazu rechts die Seitenstreifen mit den Farben ausmalen, die am besten ausdrücken, was die jeweilige Person bei dem jeweiligen Vers empfindet (am besten vorher bestimmte Farben für die verschiedenen Gefühle absprechen).
Im anschließenden Gespräch werden die unterschiedlichen »Gefühlswerte« besprochen. Dabei werden sich die Höhepunkte der Geschichte herauskristallisieren, aber auch die emotionalen Unterschiede der Leser. Es wird deutlich, dass jeder die Geschichte anders (gefärbt) liest und versteht.

Vers 43 Und eine Frau hatte den Blutfluss seit zwölf Jahren; die hatte alles, was sie zum Leben hatte, für die Ärzte aufgewandt und konnte von keinem geheilt werden.
Vers 44 Die trat von hinten an ihn heran und berührte den Saum seines Gewandes; und sogleich hörte der Blutfluss auf.
Vers 45 Und Jesus fragte: Wer hat mich berührt? Als es aber alle abstritten, sprach Petrus: Meister, das Volk drängt und drückt dich.
Vers 46 Jesus aber sprach: Es hat mich jemand berührt, denn ich habe gespürt, dass eine Kraft von mir ausgegangen ist.
Vers 47 Als aber die Frau sah, dass es nicht verborgen blieb, kam sie mit Zittern und fiel vor ihm nieder und verkündete vor allem Volk, warum sie ihn angerührt hatte und wie sie sogleich gesund geworden war.
Vers 48 Er aber sprach zu ihr: Meine Tochter, dein Glaube hat dir geholfen. Geh hin in Frieden!

Zeichen-Diskussion (ca. 15 Minuten)

Alle sitzen im Kreis. In der Mitte liegt ein überdimensional großer Bibeltext und Schildchen, auf denen Fragezeichen, Ausrufungszeichen und Pfeile zu sehen sind (für jeden Teilnehmer benötigt man pro Sorte ein Schild).

Jedes Zeichen hat eine besondere Bedeutung:

- Fragezeichen: Das verstehe ich nicht.
- Ausrufungszeichen: Das leuchtet ein.
- Pfeil: Etwas Emotionales, wie z.B. Das finde ich umwerfend. / Davon bin ich begeistert. / Das finde ich empörend.

Während des nochmaligen, stillen Lesens des Textes holt sich jedes Mitglied der Runde nur ein Zeichen, je nachdem welche Einstellung zum

Text bei ihm überwiegt, und ordnet es an die entsprechende Textpassage an. Haben alle Teilnehmer ihr Kärtchen gelegt, folgt ein Gespräch zwischen den Frage- und Ausrufungszeichenlegern, anschließend kommen die Pfeilleger zusammen oder nacheinander in die Mitte. Sie dürfen ihrer Betroffenheit durch den Text Ausdruck verleihen und auf Rückfragen aus dem Außenkreis antworten. Der Mitarbeiter sollte darauf Wert legen, dass es keine ausufernden Diskussionen gibt, sondern nur ein Gespräch – jeder hat das Recht auf sein persönliches Empfinden und seine Meinung muss nicht geändert werden! Außerdem sollte er darauf achten, dass jede Meinung ernst genommen wird und man sich z.B. für ein Fragezeichen nicht zu schämen braucht.

Puls der Geschichte (ca. 10 Minuten)

Nach der Gruppenarbeit ist nun wieder Einzelarbeit angesagt. Jeder Teilnehmer erhält zwei Farbstifte. Eine Farbe steht für die Frau, eine Farbe steht für Jesus. Außerdem erhält jeder eine Kopie des Bibeltextes und ein Pulsdiagramm. Vers für Vers soll nun durchgelesen werden und jeweils für Jesus und für die Frau entschieden werden, wie hoch in dem Moment ihr Pulsschlag war, wer war ruhig, wer aufgeregt. Eine Verlaufs- und Spannungskurve soll entstehen. Pro Vers wird in dem Diagramm ein Kreuzchen gemacht, jeweils für beide Personen. Am Ende werden die Kreuzchen jeder Person zu einer Kurve verbunden, zwei Pulsschlagkurven sind zu sehen.
Im Anschluss setzen sich die Teilnehmer in Kleingruppen zusammen und vergleichen ihre Pulskurven, erklären, warum sie den Pulsschlag der Frau / von Jesus so einschätzen, überlegen, warum vielleicht auch sehr unterschiedliche Pulskurven entstanden sind. Ein Gespräch entsteht hier sehr leicht, ebenso eine sehr genaue Auseinandersetzung mit dem Bibeltext.

Puls der Geschichte

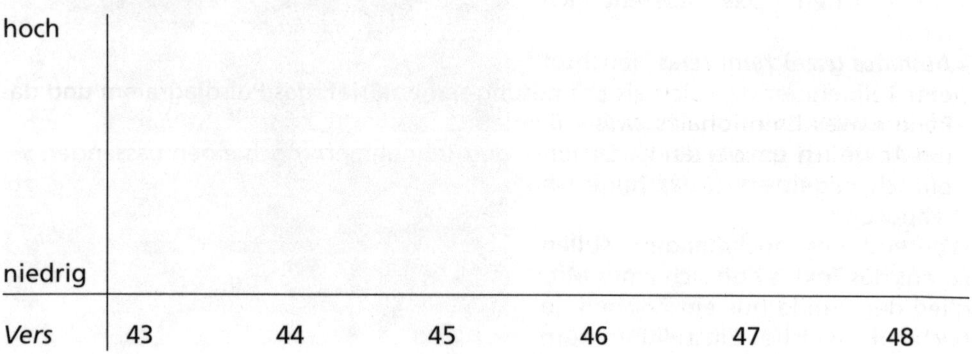

Statue stellen (ca. 10 Minuten)

Die Teilnehmer stellen sich in Kleingruppen zusammen und sollen pro Kleingruppe zwei Statuen stellen: eine zum Thema »Krankheit / Kummer«, die andere zum Thema »Geheilt / fröhlich / begeistert«. Sind die »Statuenformer« mit ihrem Werk fertig, setzen sie sich hin und alle können die Statuen mit den jeweiligen zwei Gegensätzen betrachten.

Austauschrunde (ca. 5 Minuten)

In den Kleingruppen gibt es nun noch einen abschließenden Austausch zum Bibeltext.

Mögliche Impulse:

- Wie geht es mir jetzt mit dem Text, wie erging es mir zu Beginn?
- Was kann ich nun aus diesem Bibeltext mitnehmen, wo wird er relevant für mein Leben heute?
- Wie erging es mir beim »Geformt-werden« bzw. beim Formen und »Statuen-Betrachten«?
- Was nehme ich mir für die nächste Zeit vor?
- Was ich noch sagen wollte…

Jesus schreibt mir persönlich (ca. 5 Minuten)

Jeder Teilnehmer erhält nun einen Briefbogen und einen Stift und soll versuchen, einen Brief zu formulieren. Einen Brief, den Jesus heute an mich persönlich schreiben könnte. Welches Thema nimmt er auf? Welche Seite des Lebens durchlebe ich gerade? Die fröhliche und glückliche? Oder die bedrückte, traurige? Welche Worte könnte Jesus speziell für mich in meiner Situation finden?

Im Hintergrund wird ruhige Musik abgespielt und es wird auch noch mal betont, dass diese Briefe nicht vorgelesen oder »weiterverarbeitet« werden.

Abschluss (ca. 3 Minuten)

Jeder Teilnehmer darf sich als Erinnerung seinen Brief, das Pulsdiagramm und das »Randmal-Blatt« mit nach Hause nehmen.

Zum Abschluss spricht der Mitarbeiter den Teilnehmern noch einen passenden Segen zu.

DAMALS UND HEUTE: HÖHEN, TIEFEN UND ANGST IM LEBEN

Psalm 30

Kurzbeschreibung

Das Thema »Angst« sowie das Thema »Höhen und Tiefen im Leben« werden besonders anschaulich im Psalm 30. Der Psalm wird genau betrachtet und dann auch auf Situationen im eigenen Leben übertragen. Ein Gruppenentwurf, der einen besonderen Schwerpunkt auf dem Gespräch / Austausch mit den anderen hat.

Wer möchte, kann daran den nächsten Abend mit dem neutestamentlichen Text zur Sturmstillung, auch mit dem Fokus auf dem Thema »Angst«, anschließen oder diesen Vorschlag ganz für sich stehen lassen.

Zeitumfang

90 Minuten

Teilnehmeranzahl

5-30 Personen

Material

zwei große Plakate, Eddings oder Wachsmalstifte, Kopien des Bibeltextes, ausreichend Farbstifte in Schwarz und Gelb, Stifte, Kärtchen, Körbchen, evtl. Erinnerungsgeschenk

Ablauf

Assoziationenplakate (ca. 10 Minuten)

In der Mitte liegen zwei große Plakate (ist die Gruppe sehr groß, sollten mehr Plakate zu den beiden Themen ausgelegt werden), auf dem einen steht »Tiefe / Abgrund / Angst« und auf dem anderen »Höhe / Berggipfel / Freude«. Zu diesen beiden Begriffskombinationen sollen nun ganz frei Assoziationen gesammelt werden. Dazu liegen Eddings / Wachsmalstifte bereit und jeder, dem etwas einfällt, schreibt Begriffe dazu oder malt etwas (damit sich jeder frei entfalten kann, ist es wichtig, dass die Plakate sehr groß sind). Die Aufgabe des Mitarbeiters ist es, die freie Atmosphäre zu gewährleisten, d.h. zu verhindern, dass über manche Assoziationen gelacht wird etc.

Alternative: Jeder Teilnehmer bekommt ein DIN A3 oder DIN A4-Blatt und knickt es in der Mitte, so dass zwei Hälften entstehen. Links soll nun ein Abgrund skizziert werden, rechts ein Berggipfel. Dann kann jeder seine eigenen Assoziationen dazu aufschreiben bzw. weitere Bilder / Symbole, die einem dazu einfallen.
Diese Methode ist für zurückhaltende Teilnehmer besser geeignet, weil sie auf dem großen Plakat vielleicht nichts aufschreiben, um sich nicht zur Schau zu stellen. Allerdings sollte auch hier anschließend ein Austausch stattfinden, damit die ganze Gruppe an den Gedanken und Assoziationen der anderen teilnehmen kann und das Blickfeld über die eigene Wahrnehmung und die eigenen Gedanken hinaus erweitert wird.

Fokussiert lesen (ca. 10 Minuten)

Jeder Teilnehmer erhält eine Kopie des Bibeltextes, es bietet sich eine Übersetzung in heutigem Deutsch an (z.B. »Hoffnung für alle«). Der Text sollte nicht zu klein sein – ruhig größer kopieren –, dann kann man besser damit arbeiten. Jeder Teilnehmer erhält nun einen schwarzen oder grauen Stift für »Abgrund / Angst« und einen gelben für »Höhe / Freude«. Mit diesen beiden Farben soll er nun den Text nochmals durchlesen und entsprechende Wörter oder Passagen mit dem passenden Stift unterstreichen.
Anschließend folgt ein Austausch im Plenum oder in Kleingruppen (je nach Gesamtgruppengröße) über die Worte / Sätze, die als »Abgrund / Tiefe / Angst« oder als »Höhe / Freude« herausgefiltert wurden. Wo gibt es Übereinstimmungen, wo sind manche Teilnehmer anderer Meinung?

»Satzzeichen-Runde« (ca. 10 Minuten)

Entweder wird dieses Element zusätzlich zu dem fokussierten Lesen oder als Ersatz dazu eingesetzt, je nach zur Verfügung stehendem Zeitumfang und Gruppengröße.
Die Teilnehmer bekommen die Bedeutung des Fragezeichens, Ausrufungszeichens und des Blitzes erklärt. Das Fragezeichen steht für »Da verstehe ich etwas nicht.«, das Ausrufungszeichen für »Das finde ich gut.«, der Blitz für »Was mich ärgert.«, der Pfeil für »Das hat auch heute in meinem Leben Bedeutung.«. Nun sollen diese Zeichen neben oder in dem Bibeltext verteilt werden. Natürlich macht dies jeder Teilnehmer für sich, da jeder an anderen Stellen Fragen hat oder einen bedeutsamen Satz entdeckt.
Anschließend folgt ein Austausch über die gelegten Zeichen. Wichtig: Der Mitarbeiter soll bei den Fragezeichen nicht gleich eine Antwort parat haben, sondern er gibt die Frage in die Runde. Er sollte auch ehrlich sein, wenn es Stellen gibt, bei denen bei ihm auch noch ein Fragezeichen steht. Oder es entsteht vielleicht ein Ge-

spräch darüber, ob die Stelle, die von Person A mit einem Blitz gekennzeichnet wurde, alle ärgert und warum bzw. warum manche darin nichts Ärgerliches sehen können. Das Ziel ist, dass die Gruppe über den Bibeltext miteinander ins Gespräch kommt.

Mein Psalm heute (ca. 20 Minuten)
Jeder soll sich überlegen, wie er den Psalm als heutiger Beter aufschreiben würde. Die Teilnehmer sollen sich genügend Zeit nehmen, um aus Bausteinen des 30. Psalms und ihren eigenen Worten und Erfahrungen einen neuen Psalm zu schreiben.

Variation: Jeder Teilnehmer erhält noch mal eine Kopie des Bibeltextes, Schere und Klebstoff und schneidet Satzfragmente aus, die er zu einem neuen Psalm, kombiniert mit eigenen Sätzen, zusammenstellt.
Anschließend können die neuen Psalmen in der Großgruppe oder in Kleingruppen vorgelesen werden, aber nur von Personen, die das möchten . Ein Austausch kann sich anschließen.

Vergangenheit bebildern (ca. 10 Minuten)
Die Teilnehmer sollen nun gemeinsam überlegen und »herumspinnen«, was dem Psalmbeter damals wohl passiert sein könnte. Sie sollen verschiedene Möglichkeiten erörtern und dann vergleichen, wie es parallel dazu im heutigen Leben aussieht, was einen Menschen heute alles dazu veranlassen kann, so einen Psalm zu schreiben. (Ein Bezug zu den Assoziationen vom Einstieg bieten sich an, aber Vorsicht, dies kann sehr persönlich sein. Man sollte darauf achten, dass keiner bloßgestellt oder lächerlich gemacht wird.)

Fußgängerzonen-Interview (ca. 10 Minuten)
Je nach Gruppengröße wird folgende Übung in der Großgruppe oder in mehreren Kleingruppen durchgeführt. Ein Teilnehmer wird zum Reporter, einige zu Passanten, die anderen sind Zuschauer. Die Teilnehmer sollen sich vorstellen, dass der Reporter in einer Fußgängerzone unterwegs ist und vorübergehende Passanten zum Thema »Bibelrelevanz heute« anspricht. Zuvor wird festgelegt, welche Typen die Passanten verkörpern, damit ein gewisses Spektrum der Antworten zu erwarten ist. Ein Ungeduldiger, ein Kirchgänger, eine »Labertasche«, ein Unwissender, ein Mensch, der gerade in einer Krise steckt, etc. Der Reporter befragt die Passanten nach ihrer Meinung, ob die Bibel heute noch relevant ist, ob Themen / Gefühle von uns heute darin zu finden sind oder nicht, was die Passanten an der Bibel gut fin-

den, was nicht... Nach einer ersten Runde kann man sich über die gegebenen Antworten und die unterschiedlichen Reaktionen austauschen und überlegen, ob man die Fragen in einer zweiten Runde anders stellen würde. Eine zweite »Interview-Runde« kann sich anschließen oder sogar die Planung eines echten Interviews in einer Fußgängerzone.

Als Hinweis: Der Mitarbeiter sollte den Teilnehmern großen Freiraum lassen, allerdings auf die Gefahr achten, dass die Gespräche schnell zum Thema Pro / Contra Kirche anstatt Pro / Contra Bibel abweichen können.

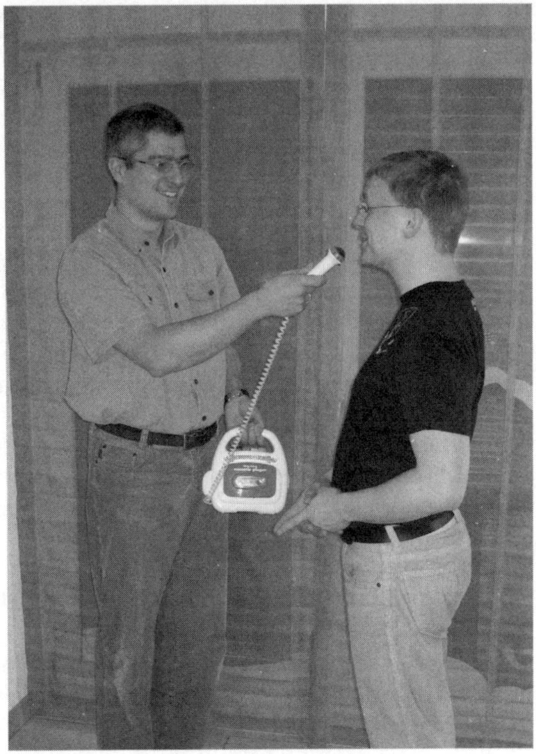

Kärtchen-Körbchen (ca. 10 Minuten)

Jeder Teilnehmer erhält ein Kärtchen und einen Stift. Auf das Kärtchen soll er ein bis zwei Sätze aufschreiben zum Thema »Wie kann uns der Psalm in unserer Angst helfen?«. Dies kann auch auf konkrete Ängste bezogen werden, z.B. Angst vor Terror.

Die Kärtchen werden dann in ein Körbchen gelegt und je nach Gruppengröße in der Großgruppe oder in Kleingruppen nacheinander gezogen und vorgelesen. Nach dem Vorlesen jeweils eine kurze Stille einhalten, um den Satz stehen zu lassen. Danach kann man zum nächsten Kärtchen weitergehen oder man kann hier einhaken, falls ein Teilnehmer den Satz besonders bekräftigen möchte oder eine Rückfrage hat.

Wer möchte, kann sich zum Schluss ein Kärtchen als Erinnerung mitnehmen.

Abschluss (ca. 5 Minuten)

Zum Abschluss singen alle ein passendes Segens- oder Mutmachlied. Eine besonders schöne Erinnerung an den Abend wäre ein kleines Geschenk für jeden Teilnehmer, z.B. der Psalm 30 in schöner Schrift in einem kleinen Holzrahmen.

ANGST DAMALS UND HEUTE – STURMSTILLUNG

Markus 4, 35-41

Kurzbeschreibung
Der vorliegende Entwurf dreht sich speziell um das Thema Angst und den persönlichen Umgang damit. Basierend auf dem Text der Sturmstillung werden eigene Ängste, das Verhalten in der Angst und die damit verbundenen Erwartungen an Gott aufgearbeitet.
Zeitumfang
80-90 Minuten
Teilnehmeranzahl
5-25 Personen
Material
Bibeltextkopien (siehe Kopiervorlage), Farbstifte, Tafel oder Flipchart, schöne Papierbögen, Stifte, gefaltete Papierschiffe

Ablauf (ca. 90 Minuten)

Bibeltheater (ca. 5 Minuten)
Zwei Mitarbeiter spielen ein Bibeltheater von zwei Jüngern, die sich nach dem Sturm über das Erlebte unterhalten. Der Gesprächsinhalt dreht sich um den Sturm, die Angst und auch die Verwunderung über Jesus. Am Ende bleibt die Frage stehen: »Wer ist das nur, dass ihm sogar Wind und Wellen gehorchen?«

»Satzzeichen-Runde« (ca. 10 Minuten)
Jeder Teilnehmer erhält nun eine Kopie des Bibeltextes Mk. 4, 35-41, möglichst etwas größer kopiert, damit man mit dem Text gut arbeiten kann. Dann wird die Bedeutung des Fragezeichens, des Ausrufungszeichens und des Blitzes erklärt. Das Fragezeichen steht für »Da verstehe ich etwas nicht.«, das Ausrufungszeichen für »Das finde ich gut.«, der Blitz für »Was mich ärgert.«, der Pfeil für »Das hat auch heute in meinem Leben Bedeutung.«. Nun sollen diese Zeichen neben / in dem Bibeltext verteilt werden. Natürlich macht dies jeder Teilnehmer für sich, da jeder an anderen Stellen Fragen hat oder einen bedeutsamen Satz entdeckt.

Anschließend folgt ein Austausch über die verwendeten Zeichen. Wichtig: Der Mitarbeiter soll bei den Fragezeichen nicht gleich eine Antwort parat haben, sondern er gibt die Frage in die Runde. Er sollte auch ehrlich sein, wenn es Stellen gibt, bei denen bei ihm auch noch ein Fragezeichen steht. Oder es entsteht vielleicht ein Gespräch darüber, ob die Stelle, die von Person A mit einem Blitz gekennzeichnet wurde, alle ärgert und warum bzw. warum manche darin nichts Ärgerliches sehen können. Das Ziel ist, dass die Gruppe über den Bibeltext miteinander ins Gespräch kommt.

Fokussiert lesen (ca. 10 Minuten)
Jeder Teilnehmer sucht sich zwei verschiedene Farbstifte heraus und bearbeitet nun damit den Bibeltext, unterstreicht, macht Notizen. Eine Farbe soll für die Stellen verwendet werden, wo die Jünger Angst haben und wie sie sich in ihrer Angst verhalten haben. Die andere Farbe steht dafür, was Jesus zu ihnen sagt, wie er sich verhält.
Es folgt ein Gespräch in der Großgruppe oder in Kleingruppen (je nach Gruppengröße) über die unterstrichenen Sätze und die Eindrücke, die die Teilnehmer vom Verhalten der Jünger und von Jesus haben.

Kurzszene entwickeln (ca. 25 Minuten)
In Kleingruppen von drei bis vier Personen soll nun jeweils eine Kurzszene zum Thema »Angst heute« entwickelt werden. Die Teilnehmer sollen sich auf ein bis zwei Situationen einigen, in der Angst und Hilflosigkeit in der heutigen Zeit deutlich wird und das Verhalten in dieser Angst. Die Szene soll mit einem Satz beendet werden, der eine Erwartung an Gott / Jesus formuliert.

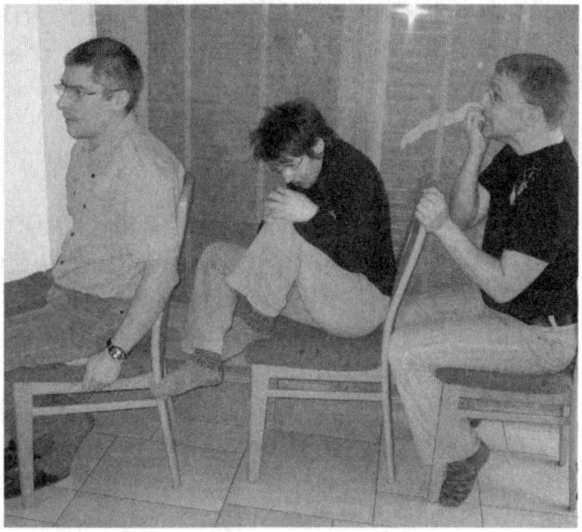

Diese Kurzszenen werden dann in der Großgruppe vorgeführt und anschließend wird gemeinsam über die Erwartungssätze diskutiert. Hilfreich ist es, wenn dafür die Erwartungssätze an eine Tafel / Flipchart geschrieben werden, damit man alle noch mal vor Augen hat.
In dieser Runde kann man dann auch Angst vor Arbeitslosigkeit, Terror / Attentaten, Tod oder Ähnlichem, was die Teilnehmer gerade bewegt, thematisieren.

Impulse
- Gibt es Antworten auf diese Erwartungen?
- Sind sie berechtigt?
- Warum reagiert Gott nicht immer so, wie wir es gerne hätten?

Persönliche Betroffenheit (ca. 10 Minuten)
Jeder erhält einen schönen Papierbogen (besondere Farbe, gestalteter Rand o.ä.), der in der Mitte gefaltet ist, so dass ein »Mini-Heft« entstanden ist. In dieses kleine Heft wird oft lieber geschrieben als auf ein großes Blatt Papier, es wirkt intimer, man traut sich mehr zu schreiben, weil man es zuklappen kann und die anderen das Geschriebene nicht sehen.
Während eine ruhige Musik abgespielt wird, hat jeder Teilnehmer die Aufgabe, in sich zu gehen und die folgenden Impulse für sich zu bewegen. Die, die ihn gerade am meisten ansprechen, soll er aufschreiben und beantworten oder auch Fragen formulieren, Thesen aufstellen, Bitten an Gott, was er sich vornimmt, etc. Hilfreich ist für die Teilnehmer, wenn sie vor dieser Aktion erfahren, dass dieses kleine Heft ihr persönliches Eigentum bleibt, das sie später mitnehmen dürfen und dass nichts davon vorgelesen wird. So ist jeder motivierter, auch wirklich ehrlich zu sein.

Impulse*:*
- Vor was genau habe ich persönlich Angst?
- An wen wende ich mich mit meinen Ängsten (Familie, Freunde, Gott, …)?
- Was erwarte ich von Gott?
- Was traue ich Gott zu, was nicht?
- Was verstehe ich nicht?
- Wie verhalte ich mich in Angst und Hilflosigkeit?
- Was sind da meine Erwartungen an Gott / Jesus?
- Meine eigene Meinung: Warum reagiert Gott nicht immer so, wie wir es gerne hätten?

Abschluss (ca. 10 Minuten)
Gemeinsames Singen des Liedes »Wenn die Last der Welt dir zu schaffen macht, hört Gott dein Gebet« (zu finden in vielen kirchlichen Liederbüchern, z.B. in »Music Box 2«, Buch und Musik Stuttgart 1997). Anschließend eine gemeinsame Gebetsrunde, in der jeder laut oder auch leise beten kann. Der Mitarbeiter schließt diese Gebetszeit ab, indem er noch einmal den ersten Vers und Refrain des Liedes vorliest oder zum nochmaligen Mitsingen anstimmt (natürlich können auch andere passende Lieder verwendet werden).
Jeder Teilnehmer erhält zum Schluss ein gefaltetes Papierschiff, auf dem entweder der Liedtext oder ein Segenszuspruch steht.

Die Stillung des Sturms (Markus 4, 35-41)

Und am Abend desselben Tages sprach er zu ihnen: Laßt uns hinüberfahren.
Und sie ließen das Volk gehen und nahmen ihn mit, wie er im Boot war und es waren noch andere Boote bei ihm.
Und es erhob sich ein großer Windwirbel und die Wellen schlugen in das Boot, so dass das Boot schon voll wurde.
Und er war hinten im Boot und schlief auf einem Kissen. Und sie weckten ihn auf und sprachen zu ihm: Meister, fragst du nicht danach, dass wir umkommen?
Und er stand auf und bedrohte den Wind und sprach zu dem Meer: Schweig und verstumme! Und der Wind legte sich und es entstand eine große Stille.
Und er sprach zu ihnen: Was seid ihr so furchtsam? Habt ihr noch keinen Glauben?
Sie aber fürchteten sich sehr und sprachen untereinander: Wer ist der? Auch Wind und Meer sind ihm gehorsam!

Bearbeite den Text mit:

? für das, was nicht verstanden wurde, wo noch Fragen da sind

! für etwas, was von besonderer Bedeutung ist

 für etwas, was dich gerade ärgert

 für Stellen, wo du den Eindruck hast, hier bin auch ich persönlich gemeint

Der folgende Vorschlag umfasst zwei Abende zum Thema »Neubeginn«.

NEUBEGINN

Josua 1, 1-11

Kurzbeschreibung

Das Thema eignet sich für Silvester / Neujahr, aber auch wenn bei einigen Personen in der Gruppe Veränderungen anstehen oder auch »einfach so«, denn das Thema »Neubeginn« ist ein Thema, das jeden Menschen in den unterschiedlichsten Bereichen betrifft.

Der erste Abend ist mit Bibliodrama-Elementen gestaltet, der zweite Abend ist eine »Mitmach-Andacht«.

Es können auch beide Anregungen allein für sich genommen werden.

Zeitumfang

ca. 120 Minuten

Hinweis: Wer weniger Zeit hat, kann auch Teile rauskürzen, siehe Kürzungsempfehlungen. Allerdings lohnt es sich, den ganzen Vorschlag durchzuführen, da alles aufeinander aufbaut. Wer an einem Gruppenabend nicht genügend Zeit hat, sollte lieber einen extra Nachmittag / ganzen Tag einplanen. Es lohnt sich!

Teilnehmeranzahl

6-25

Material

CD-Player, ruhige und lebhafte Musik, Bibeltext zum Vorlesen, »Tagebücher« (schön beklebte DIN A5-Schulhefte), Stifte, Josua-Text auf DIN A3-Blatt vergrößert, Wachsmalfarben, dicke Buntstifte, große Papierstreifen, Eddingstifte, Dekotuch

Ablauf 1. Abend: Bibliodrama

Bibeltext:

Der HERR sprach zu Josua: »Mein Diener Mose ist tot. Nun wirst du Israel führen! Befiehl dem Volk, sich für den Aufbruch fertig zu machen. Ihr werdet den Jordan überqueren und in ein Land ziehen, das ich euch gebe. Jedes Gebiet, in das ihr vordringt, gehört euch. Das habe ich schon Mose versprochen.

Dein Leben lang wird dich niemand besiegen können. Denn ich bin mit dir, so wie ich mit Mose gewesen bin.
Ich lasse dich nicht im Stich, nie wende ich mich von dir ab.

Sei stark und mutig! Denn du wirst das Land einnehmen, das ich euren Vorfahren versprochen habe und du wirst es den Israeliten geben. Bemühe dich darum, das ganze Gesetz zu befolgen, das dir mein Diener Mose gegeben hat. Weiche nicht davon ab! Dann wirst du bei allem, was du tust, Erfolg haben.

Ja, ich sage es noch einmal: Sei mutig und entschlossen! Lass dich nicht einschüchtern und hab' keine Angst! Denn ich, der HERR, dein Gott, bin bei dir, wohin du auch gehst!«

Und Josua schickte die führenden Männer des Volkes durch das Lager und ließ sie überall ausrufen: »Macht euch zum Aufbruch fertig! Nehmt genug Vorräte mit! In drei Tagen werdet ihr den Jordan überqueren, um das Land einzunehmen, das euch der HERR, euer Gott, geben wird !«
Josua 1, 1-11

Bilder kommen lassen (ca. 5 Minuten)
Diese Phase mit sanfter Musik untermalen. Jeder Teilnehmer setzt oder legt sich bequem hin, schließt die Augen und lässt vor seinem inneren Auge die Bilder der vergangenen Woche vorbeiziehen.

Impulse*:*
- Was habe ich alles erlebt?
- Was hat mir Freude gemacht, was hat mich betrübt?
- Was ist in der vergangenen Woche alles geschehen?

Von dieser Fülle von Bildern soll jeder für sich zwei bis drei »innere Bilder« besonders festhalten und sie vor seinem inneren Auge ausmalen. Die Musik dann langsam ausblenden.

Bild erzählen (ca. 5 Minuten)
Jeder Teilnehmer sucht sich einen Partner und mit ihm zusammen einen gemütlichen Platz. Dann wählt jeder ein »inneres Bild« der vergangenen Woche und erzählt es seinem Partner. Natürlich erzählt jeder nur so viel von sich, wie er preisgeben möchte.

In Bewegung kommen (ca. 10 Minuten)

Die Gruppe verteilt sich im Raum (der freigeräumt und nicht zu klein sein sollte). Eine lebhafte Musik wird abgespielt und alle gehen dazu kreuz und quer durch den Raum. In jede Richtung gehen, auch die Ecken ausnutzen. Darauf achten, dass nicht alle im Uhrzeigersinn im Kreis hintereinander herlaufen und dass alle auch wirklich in Bewegung (und auch mal aus der Puste) kommen!

Langsam das Tempo steigern, schneller gehen, dann laufen, schließlich rennen. Danach ins Hüpfen übergehen, seitwärts, rückwärts, vorwärts laufen, dann auf Zehenspitzen, auf den Fußaußenkanten, auf den Fußinnenkanten gehen.

Dann so gehen, als ob man über spitze Steine gehen würde, über heißen Asphalt, über weiches Moos, durch Moor und durch eine Wiese mit hohem Gras.

Gehen wie ein frischverliebter Mensch, wie ein Popstar, wie ein braves, wohlerzogenes Schulkind, wie ein frecher, selbstbewusster Rotzlöffel, wie ein Pfarrer, wie ich selbst. Langsamer gehen und sich irgendwo im Raum einen Platz suchen, dabei die lebhafte Musik langsam ausblenden.

Dreimaliges Hören (ca. 10 Minuten)

1. Hören: Alle setzen sich bequem hin und hören zu (Augen schließen, wenn möglich). Der Mitarbeiter liest den Bibeltext ein Mal langsam vor.

Dann soll sich jeder vorstellen, er wäre Josua. Dazu wird zuerst gemeinsam zusammengetragen, was über Josua bekannt ist, welche Geschichte er bisher hinter sich hat. Der Mitarbeiter ergänzt, was fehlt.

Das Volk Israel war nach der Flucht aus Ägypten 40 Jahre in der Wüste.

Mose hat das Volk aus Ägypten geführt und war bisher der Anführer, Josua ist der Nachfolger von Mose, er ist viel jünger und unerfahrener.

Er hat alle Höhen und Tiefen miterlebt, wie sein Volk Mose hochgejubelt, aber auch zornig niedergeschrieen hat, wie sie ihre Erwartungen und Hoffnungen in Mose als ihren Anführer gesetzt haben und wie sie ihm alle Verantwortung übertrugen.

Mose ist nun tot. Was kommt auf Josua zu?

2. Hören: Anschließend hören alle noch mal auf den Bibeltext zum Aufbruch und Neubeginn – mit geschlossenen Augen. Dabei stellt sich jeder vor, er wäre Josua und hört mit seinen Ohren.

3. Hören: Jetzt fällt der Fokus auf das eigene Leben. Wo fallen den Teilnehmern Aufbruchsituationen ein? Privat, in der Schule, im Beruf – neu oder schon vergangen. Zum Überlegen, Nachdenken und Erinnern kurz Zeit geben. Dann hört jeder den Bibeltext noch mal mit »seinen eigenen« Ohren auf dem Hintergrund seiner Aufbrucherfahrungen.

Tagebucheintrag / persönliche Betroffenheit (ca. 10-15 Minuten)
Jeder sucht sich einen eigenen Platz im Raum und bekommt ein Tagebuch (schön beklebtes DIN A5-Schulheft, gleich den Namen draufschreiben lassen) und einen Stift. Der Tagebucheintrag dreht sich um unten stehende Impulse. Während dieser Phase läuft leise eine ruhige, meditative Musik im Hintergrund. Zu Beginn wird gesagt, dass jeder noch Zeit hat, das Angefangene fertig zu schreiben, wenn die Musik dann zum Ende dieser Phase langsam ausgeblendet wird. Diese Abmachung gibt eine Sicherheit, nicht auf die Zeit achten zu müssen und auch nicht abrupt aus dieser sehr persönlichen Phase gerissen zu werden.

Impulse:
- Was geht mir gerade durch den Kopf?
- Mit welchen Ohren habe ich den Text gehört?
- Was hat mich bewegt und angesprochen als »Josua« und bei mir selbst?
- Ein ehrlicher Kommentar zu dem Text (keine Auslegung, nur das momentane, ganz persönliche Empfinden in Bezug auf den Text, z.B. »Ist noch weit weg.« oder »Der XY-Satz hat mich berührt.«).

Pause (ca. 5-10 Minuten)
Die Pause ist auch wichtig, um danach wieder konzentriert bei der Sache sein zu können! Es ist ratsam, sie nicht wegzulassen! Besonders gastfreundlich ist es natürlich, wenn der Mitarbeiter Getränke und einige Schokoriegel, Gummibärchen oder Obst bereitstellt. Das hat noch keinen arm gemacht und es ist eine sehr freundliche Geste, die so manchen besser ankommen und vertrauter werden lässt.

Bibeltext bearbeiten (ca. 10 Minuten)
Jeder bekommt den Bibeltext auf einem DIN A3-Blatt, dazu verschiedene Farben (Wachsmalfarben oder dicke Buntstifte). Man darf im Text Notizen machen, markieren, malen...

Anregung für die Textbearbeitung:
- Wörter / Sätze, die mich ansprechen
- dunkle und helle Markierungen
- passende Farben zu den Wörtern / Sätzen verwenden
- Fragezeichen und Ausrufungszeichen verteilen
- »Diaszenen« zu dem Text mit Strichmännchen danebenmalen

Überschrift finden (ca. 2 Minuten)

Jeder soll eine ihm passend erscheinende Überschrift (kurz, nur ein bis zwei Wörter, keine Inhaltsangabe!) für den Text finden. Es geht hier nicht um richtig oder falsch, sondern es darf ganz persönlich entschieden werden, welche Überschrift einem passend erscheint. Bei vielen Menschen muss man dies besonders betonen, um ihnen die Angst zu nehmen, etwas falsch zu machen.

Diese Überschrift wird dann mit einem Eddingstift groß auf einen großen Papierstreifen geschrieben (jeder schreibt auf einen extra Papierstreifen). Die Papierstreifen werden in die Mitte des Raumes gelegt.

Mit dem Text »schwanger gehen« (ca. 2-3 Minuten)

Nicht nur mit Kindern kann man »schwanger gehen«, sondern auch mit Texten und Gedanken: Jeder geht für sich kreuz und quer durch den Raum, ohne auf die anderen zu achten. Es läuft Musik, jeder hat sein bearbeitetes DIN A3-Blatt mit dem Bibeltext in der Hand und setzt die folgenden Impulse um.

Impulse:

- Geht mit unterschiedlichen Geschwindigkeiten, geht mal langsam, mal schnell, probiert es aus.
- Lest den Bibeltext laut und leise. Traut euch, auch laut zu lesen, denn der Text wirkt dann noch mal ganz anders (Übrigens: Wenn mehrere Personen laut lesen, traut man sich eher!).
- Lest mit unterschiedlicher Betonung.
- Sucht euch im Gehen ein Wort / Satzfragment aus, das euch am meisten anspricht, jeder für sich persönlich. Prüft, ob es wirklich dieses Wort ist oder vielleicht doch ein anderes. Nehmt euch Zeit fürs Auswählen.
- Wenn die Musik aufhört, nehmt einen Stift zur Hand und markiert das Wort / den Satzteil im Text.

Statuenhaltung erarbeiten (ca. 5-7 Minuten)
Lebhaftere Musik untermalt diese Phase, da hier viele Teilnehmer erst ihre Hemmungen überwinden müssen und sich mit Musik im Hintergrund leichter tun. Jeder ist für sich, macht die Augen zu und stellt sich sein in der »Schwanger-gehen-Phase« gefundenes Wort vor. Nun soll man zu diesem Wort eine Haltung finden. Diese wird mit dem ganzen Körper ausgedrückt, man stellt das Wort mit seinem eigenen Körper als Statue dar. Zeit geben zum Ausprobieren, Mut machen.

Bewegungsablauf finden (ca. 5 Minuten)
Jetzt gibt es die Aufgabe, einen Bewegungsablauf zu finden, in den man diese Haltung integriert, einen Ablauf, wie man in diese Haltung hinein- und herauskommt, passend zum Text.
Ein Beispiel: Die ursprüngliche Statuenhaltung ist »verzweifelt am Boden liegen«. Eine Möglichkeit, diese Haltung in einen Bewegungsablauf zu integrieren, wäre, zu stehen, sich dann aus dem Stand fallen zu lassen, dann verzweifelt am Boden liegen, danach wieder langsam aufschauen und vorsichtig die Hand ausstrecken.

Bewegungschoreographie erstellen (ca. 10 Minuten)
Immer drei bis vier (je nach Gruppengröße) Personen bilden eine Kleingruppe. Jede Kleingruppe sucht sich einen Platz im oder außerhalb des Raumes. Je einer führt seinen Bewegungsablauf vor, die anderen machen es nach, man erklärt die Bedeutung. Dann soll aus allen Bewegungsabläufen der drei bis vier Kleingruppenmitgliedern eine Choreographie zusammengesetzt werden, passend zum Verlauf des Bibeltextes. Entweder spielen alle genau das Gleiche: den Bewegungsablauf von Person A, danach den von Person B, etc. Oder Person A spielt ihren Bewegungsablauf und die anderen spielen drumherum Personen / Orte / Gefühle, die damit im Zusammenhang stehen (pantomimisch).
Der Spielleiter geht während dieser Phase bei allen Kleingruppen vorbei, falls Rückfragen bestehen oder Hilfe benötigt wird.

Vorführung der Choreographien
(ca. 5-10 Minuten – je nach Anzahl der Kleingruppen)
Der Spielleiter nimmt die großen Papierstreifen mit den Bibeltextüberschriften und legt damit die Umgrenzung einer Bühne. Alle Teilnehmer setzen sich vor diese Bühne. Dann führt eine Gruppe nach der anderen ihre Choreographie vor.
Am Ende jeder Choreographie werden die Wörter gesagt, die dargestellt wurden.

Doppeln (ca. 10 Minuten)
Noch einmal spielt jede Kleingruppe ihre Choreographie auf der Bühne vor, nur diesmal nimmt jeder am Ende »seine« Haltung von »seinem« Wort ein und so bleiben alle Personen dieser Kleingruppe »eingefroren« stehen.

Nun »doppeln« die Zuschauer gleich im Anschluss die gespielten Personen. Doppeln funktioniert folgendermaßen: Immer ein Zuschauer kommt nach vorne auf die Bühne, stellt sich hinter eine der Personen und sagt einen Satz, den diese Person jetzt sagen könnte.
Ein Beispiel: Es wurde die obige Beispielsequenz vorgeführt: Person X lässt sich fallen, liegt verzweifelt am Boden, steht wieder langsam auf und streckt die Hand aus. Beim Doppeln könnte man sich jetzt hinter diese Person stellen und sagen: »Jetzt geht es weiter!« oder »Danke für dein Aufrichten, Herr!« oder »Mir ging's ganz schön schlecht, aber jetzt sehe ich wieder einen Lichtblick!« oder »Wer wird mir helfen und mir jetzt die Hand reichen?«.

Es ist wichtig, dass ganz klar die Regel eingehalten wird, dass keiner vom Publikum diese »Dopplungssätze« kommentiert, egal ob sie ernst oder vielleicht auch lustig sind.
Damit das Doppeln wirkt und keine Verwirrung entsteht, wer wann nach vorne auf die Bühne geht zum Doppeln, wird vorher vereinbart, dass man im Reißverschlusssystem nach vorne geht, immer abwechselnd eine Person von links, dann von rechts. Man steht erst auf, wenn der vorherige »Doppler« sich gesetzt hat. Außerdem gilt auch die Regel, dass man sich die Person aussuchen darf, die man doppelt. Deshalb kann es sein, dass bei einer Kleingruppe Person A viel häufiger gedoppelt wird als Person B. Dies hat aber nichts mit den Personen zu tun, sondern damit, in welcher Situation der »Doppler« gerade steckt und was ihn gerade am meisten anspricht in seiner Lebenssituation. Wenn auch dies zuvor erklärt wird, kommt sich später keiner benachteiligt vor.
Als Tipp: Wenn der Mitarbeiter sich aus dem Reißverschlusssystem herausnimmt und immer als Letzter nach vorne geht, kann er versuchen, die Person zu doppeln, die noch nicht oder nur wenig gedoppelt wurde.

Tagebucheintrag / persönliche Betroffenheit (ca. 10-15 Minuten)
Jeder zieht sich noch mal mit seinem Tagebuch und einem Stift bewaffnet in eine ruhige Ecke zurück. Als Anregung zum Aufschreiben ins Tagebuch werden wieder Impulse mitgegeben, die auch so zu verstehen sind, das bedeutet, nicht alle Impulsfragen müssen beantwortet werden, jeder soll dem nachgehen, was ihn anspricht und beschäftigt.

Impulse:
- Gedanken, die mir jetzt durch den Kopf gehen.
- Wie stehe ich jetzt zu »meinem Wort«?
- Mein Bewegungsablauf setzte sich aus folgenden Bewegungen zusammen... Warum habe ich diese Bewegungen gewählt, wie hängen sie mit meinem Leben zusammen?
- Die Choreographie der Gruppe war für mich...
- Die Sätze, die zu »meinem« Bewegungsablauf gedoppelt wurden, lauteten...
- Was sagt mir der Bibeltext jetzt, was wurde mir wichtig?
- Was nehme ich mir für meinen Alltag zu Hause vor?

Wieder gilt die Vereinbarung, dass während dieser Phase ruhige Musik läuft, die am Ende sehr langsam ausgeblendet wird, so dass jeder genug Zeit hat, seinen Eintrag abzuschließen.

Abschlussrunde im Plenum (ca. 5-10 Minuten)
Alle Teilnehmer setzen sich in einen Kreis, in der Mitte des Kreises liegt ein schönes Tuch und darauf ein »unbearbeitetes« DIN A3-Blatt mit dem Bibeltext und rundherum die Papierstreifen mit den Überschriften.
Jeder kommt dran und kann in der Runde nun sagen, was er mitnimmt, was ihn bewegt / gestört / gewundert hat, was er zum Abschluss der Gruppe noch sagen will.
Zum Abschluss kann auch noch ein Abschlusslied oder Segenslied gesungen werden.

Die Teilnehmer dürfen ihre »Tagebücher« mitnehmen. Wer möchte, kann auch noch den bearbeiteten Bibeltext zusammengefaltet einkleben.
Als Anregung: Das Tagebuch kann natürlich auch in Zukunft persönlich zu Hause weiterbenutzt werden. Vielleicht hat man sich in der letzten Tagebuchphase etwas vorgenommen und kann einige Wochen später eintragen, was daraus geworden ist oder man kann sich einen neuen Bibeltext vornehmen und »persönlich und tiefgehend« bearbeiten, etwas dazu malen...

NEUBEGINN, EIGENVERANTWORTUNG, GOTTES BEGLEITUNG

Josua 1, 10-6

Kurzbeschreibung:
Eine »Mitmach-Andacht«, die nicht viel Zeit benötigt und sowohl auf das vorangegangene Bibliodrama aufbauen wie auch separat eingesetzt werden kann. Neben einem kleinen kreativen Teil liegt der Schwerpunkt auf dem kognitiven Bereich.
Zeitumfang
ca. 30 Minuten
Teilnehmeranzahl 6-25
Material
Papierstücke (ca. 6 x 5 cm), Tageslichtprojektor, Stifte, Kopien der Frageblätter

Ablauf 2. Abend: »Mitmach-Andacht« aufbauend auf dem Bibliodrama (ca.30 Minuten)

Männchen ausreißen (ca. 5 Minuten)
Jeder bekommt ein Stück Papier (ca. 6 x 5 cm) und soll in groben Umrissen ein Männchen ausreißen.

Rückblick (ca. 5 Minuten)
Jos. 1, 1-9 wird vorgelesen, als Rückblick auf das »Neubeginn-Bibliodrama«. Man kann die Andacht aber auch ohne das vorausgegangene Bibliodrama halten, dann einfach in wenigen Worten umreißen, was die Vorgeschichte ist und den Bibeltext weglassen.

Josua und das Volk Israel (ca. 8 Minuten)
Der Mitarbeiter erzählt in eigenen Worten Jos. 1, 10-6. Dabei legt er parallel dazu mit den ausgerissenen Papierfiguren jeweils passende Bilder auf den Tageslichtprojektor – sie werden als großes Schattenbild an einer weißen Wand sichtbar. Alternativ ohne Tageslichtprojektor: alle setzen sich in einen Kreis, der Mitarbeiter legt in die Kreismitte die Papierfiguren.

Szenen:
a) Vorbereitung zum Aufbruch
b) Josua schickt Kundschafter nach Jericho / Rahabs Geschichte
c) Israel überquert trockenen Fußes den Jordan
d) Josua errichtet zwei Denkmäler / Dank und Zeichen (Beschneidung)
e) Passahfeier, kein Manna mehr, richtiges Brot vom neuen Land
f) Israel erobert Jericho, Ai, Amoniter, etc.

Gedanken zum Bibeltext (ca. 8 Minuten)

Es wird noch mal ganz kurz die Erzählung von eben angerissen und mit Impulsen für das heutige Leben ergänzt. Dazu wird jeweils wieder ein Bild mit den Männchen hingelegt. Zwischendurch folgen immer wieder stille Minuten, die durch die Impulse »zum Überlegen bei mir selbst« eingeleitet werden. Je nach Gruppe und zur Verfügung stehender Zeit kann man diese stillen Minuten zum Nachdenken nutzen oder noch einmal mit den Tagebüchern aus dem Bibliodrama »Neubeginn« arbeiten. Dann muss allerdings mehr Zeit eingerechnet werden, weil man nachdenken und schreiben muss.

a) Vorbereitung zum Aufbruch

Etwas Neues beginnt, es ist Aufbruchzeit. Die Israeliten haben verschiedene, lange Lebensabschnitte hinter sich: die Zeit der Bedrängnis, Sklaverei, Unterdrückung in Ägypten. Die Zeit des Schwankens zwischen Hoffnung und Ausblick und doch auch wieder Verzagen in der Zeit, als Mose immer wieder vor dem Pharao auftauchte. Dann die 40 Jahre Wüstenwanderung, ein Beginn mit einem gewaltigen Erlebnis (Auszug, Durchzug durchs Schilfmeer), Enthusiasmus. Doch auch schnelle Ernüchterung. Hitze, Kälte in der Wüste, Streit, plötzlich auf sich alleine gestellt sein, sie waren das in der Sklaverei nicht mehr gewöhnt. Selbst Entscheidungen treffen zu müssen und dazu zu stehen. Oft ließen sie den Unmut an Mose aus, er war der gefeierte Held und im nächsten Moment wieder der Sündenbock. Dann die lange Zeit in völliger Abhängigkeit von Gott (Wasser, Manna, andere Völker).

Zum Überlegen bei mir selbst:

- Aufbruchzeit – welche Aufbrüche sind / waren bei mir dran?
- Hoch- und Tiefgefühle / –Erlebnisse
- Wo bin ich abhängig von Gott?

Und jetzt endlich stehen sie am Ufer des Jordans. Etwas Neues beginnt. Dies wird auch deutlich an einem neuen Führer und daran, dass das Neue endlich sichtbar, fast greifbar ist. Doch die Israeliten sind nicht einfach losgerannt. Sie haben sich vorbereitet, überall Durchsagen gemacht, Regeln aufgestellt, die eine Hilfe sein sollten.

Zum Überlegen bei mir selbst:

- Deutliche Zeichen von Neubeginn – welche fallen mir ein?
- Regeln / Hilfen für diese Zeit?

b) Josua schickt Kundschafter nach Jericho / Rahabs Geschichte

Josua schickt Kundschafter aus nach Jericho. Was muss das für ein Gefühl sein, mit eigenen Augen die neue Heimat zu betrachten? Noch unter Gefahr, es ist nicht einfach. Schon wieder in Bedrängnis, verfolgt, aber Gott sorgt auch hier für sie. Es »flutscht« nicht einfach so, aber es tut sich was mit Gottes Begleitung und unter seinem Schutz. Sie bekommen sogar Hilfe von Menschen, von denen man es nicht erwarten würde (Bürger aus dem fremden Land, quasi Feinde).

Zum Überlegen bei mir selbst:

- Kundschafter – wo habe ich eine Ahnung, einen kleinen Einblick von dem Neuen bekommen?
- Welche unerwarteten Hilfen (Menschen, Ereignisse, …) fallen mir auf?

Dann das Erzählen der Kundschafter. Es ist bestimmt nicht einfach, die Eindrücke weiterzugeben. Auf diese zwei Leute kommt es jetzt ganz stark an und auf Josua, der andere überzeugen und mitreißen muss. Anderen vor Augen zu malen, wie das Neue aussieht, Lust und Motivation wecken.

Zum Überlegen bei mir selbst:

- Eindrücke weitergeben, andere begeistern – wie kann ich das, wo liegen da meine Gaben und meine Möglichkeiten?
- Traue ich mich, andere in etwas Neues mitzunehmen oder lasse ich das lieber jemand anderes machen?

c) Israel überquert trockenen Fußes den Jordan

Endlich ist es dann soweit. Das Volk Israel überquert den Jordan. Die Bundeslade, Gottes Anwesenheit, hilft ihnen dabei. Ein Wunder? Ein Zufall, dass gerade zu diesem Zeitpunkt sich das Wasser an einer anderen Stelle staut? Gott sorgt wieder für die Israeliten. Loslaufen müssen sie selber, das braucht Mut. Er befördert sie nicht per Zauberhand hinüber. Sie müssen selber die Schritte wagen und loslaufen, als das Wasser noch fließt. Auch als es sich staut, wissen sie nicht mit Sicherheit, dass es nicht plötzlich wieder über sie hereinbricht. Sie werden von Gott begleitet und geführt, aber die Schritte dazu müssen sie selber tun.

Zum Überlegen bei mir selbst:

- Endlich. Die entscheidenden Schritte. Wo war ich unsicher, zögerlich?
- Vor was hatte / habe ich noch Bedenken?
- Wie stark vertraue ich in solchen Situationen auf Gott?
- Welche Menschen fallen mir ein, die mich da mitgenommen und Wege geebnet haben? Oder wo war ich so eine Person? Wo würde ich mir so etwas wünschen?

d) Josua errichtet zwei Denkmäler / Dank und Zeichen (Beschneidung)

Als sie drüben sind, ist die Begeisterung bestimmt erst mal groß, bestimmt aber auch überschattet von der Angst »Was kommt jetzt?«. Der momentan erlebte Erfolg heißt noch nichts. Was ist mit den Völkern, die hier leben, die sie bestimmt nicht mit offenen Armen empfangen? Aber trotzdem vergessen sie eins nicht in ihrem Gefühlswirrwarr von Begeisterung und neuer Unsicherheit: einzuhalten und Gott zu danken. Sie errichten zwei Denkmäler. Ein Denkmal mitten im Jordan, wo die Bundeslade war – für andere ist das später nicht mehr sichtbar, weil dort Wasser fließt. Aber diese Menschen bekommen es mit, die dabei sind und sie können davon weitererzählen. Das andere Denkmal wird da errichtet, wo alle übernachten. Damit in der Begeisterung nicht vergessen wird, dass nicht sie Großes geleistet haben, sondern ihr Gott.

Zum Überlegen bei mir selbst:

- Gefühlswirrwarr und dann Gott nicht vergessen. Wo habe ich Gott schon vergessen in so einem Hin und Her der Gefühle?
- Welche »Denkmäler« fallen mir ein, die ich schon errichtet habe oder die andere errichtet haben?
- Wie hilfreich sind solche Erinnerungshilfen für mich und mein Glaubensleben?

Und noch ein Zeichen kommt dazu, ein persönliches Zeichen bei jedem Einzelnen. Bei den Israeliten ist es die Beschneidung. Ein Zeichen, das jeden Einzelnen immer wieder erinnern soll.

Zum Überlegen bei mir selbst:

- Habe ich auch solche ganz persönlichen Zeichen oder Rituale, die mich erinnern?
- Welche Zeichen würden bei mir, zum Erlebnis und zu meinem Alltag, passen?
- Würde mir so ein Zeichen für mein Glaubensleben helfen?

e) Passahfeier, kein Manna mehr, richtiges Brot vom neuen Land

Jetzt ist ein Fest angesagt. Die Israeliten feiern das Passahfest. Die Erinnerung an den Auszug aus Ägypten. Und am nächsten Tag ist dann wieder ein Lebensabschnitt zu Ende. Ab jetzt gibt es kein Manna mehr von Gott. Es bleibt einfach aus, was 40 Jahre lang da war und sie ernährt hat. Denn jetzt haben sie Erträge aus dem Land Kanaan, können selber Brot backen und geröstetes Getreide essen. Gott hat sie so lange versorgt, wie es nötig war. Aber jetzt nimmt er sie auch hier wieder in die Eigenverantwortung. Sie müssen auch selbst wieder etwas tun, hier können sie selber für sich sorgen.

Zum Überlegen bei mir selbst:

- Welche Situationen fallen mir ein, wo ich wieder ganz stark selbst gefragt war und Gott mich herausgefordert hat?
- Was ist unbequem daran, dass Gott auch mich in die Eigenverantwortung nimmt?
- Was fasziniert mich daran?

f) Israel erobert Jericho, Ai, Amoniter, etc.

Am Ende gibt es ein Happy End. Jericho wird erobert und danach auch weitere Städte und Gebiete. Gott hat sein Versprechen eingelöst. Jeder wird wissen, dass Gottes Geschichte mit dem Volk Israel nicht hier mit diesem Happy End endet, sondern dass es noch viele neue Erlebnisse gab. Aber es ist ganz deutlich, dass Gott seine Versprechen wahr gemacht hat und dabei war. Und dass die Geschichte mit ihm nie aufhört, sondern immer wieder etwas Neues beginnt, das nicht immer nur »flutscht« und einfach ist, sondern auch mal unbequemere Zeiten mit sich bringt. Aber Gott ist immer dabei.

Zum Überlegen bei mir selbst:

- Welche Erlebnisse mit Gott fallen mir ein, wenn ich mein Leben im Rückblick betrachte?
- Was erwarte ich noch von Gott?
- In welcher »Geschichte« stecke ich im Moment?

Zeit für mich / was nehme ich mit (ca. 8 Minuten)

Jeder bekommt ein Blatt, auf dem oben der Bibeltext Jos. 1, 9 steht (siehe Kopiervorlage). Zur Erinnerung wird hier drunter das ausgerissene Männchen geklebt (und da mit dem Männchen die Geschichte gelegt wurde, erinnert es stärker an die Assoziationen und Erlebnisse, die man während dieser Einheit hatte). Darunter stehen noch einmal die Anregungen / Fragen für jeden persönlich, die während

der Andacht aufgeworfen wurden. Je nach Zeit und nach Gruppe kann man jetzt noch die Möglichkeit geben, hier persönliche Notizen zu machen oder die Teilnehmer füllen es zu Hause aus.
Außerdem bietet sich diese Andacht auch dazu an, sich anschließend in kleinen Gruppen über das Volk Israel und die eigenen Parallelen im heutigen Leben auszutauschen. Dementsprechend sollte man natürlich mehr Zeit einplanen.

Kopiervorlage:

Ja, ich sage es noch einmal:
Sei mutig und entschlossen!
Lass dich nicht einschüchtern
und hab keine Angst!
Denn ich, der HERR, dein Gott,
bin mit dir, wohin du auch gehst.
Josua 1, 9

Neubeginn, Eigenverantwortung, Gottes Begleitung
Josua 1-6

Aufbruchzeit – welche Aufbrüche sind / waren bei mir dran?
Hoch- und Tiefgefühle / –Erlebnisse
Wo bin ich abhängig von Gott?

Deutliche Zeichen von Neubeginn – welche fallen mir ein?
Regeln / Hilfen für diese Zeit?

Kundschafter – wo habe ich eine Ahnung, einen kleinen Einblick von dem Neuen bekommen?
Welche unerwarteten Hilfen (Menschen, Ereignisse, ...) fallen mir auf?

Eindrücke weitergeben, andere begeistern – wie kann ich das, wo liegen da meine Gaben und meine Möglichkeiten?
Traue ich mich, andere in etwas Neues mitzunehmen oder lasse ich das lieber jemand anderes machen?

Endlich. Die entscheidenden Schritte. Wo war ich unsicher, zögerlich?
Vor was hatte / habe ich noch Bedenken?

Wie stark vertraue ich in solchen Situationen auf Gott?
Welche Menschen fallen mir ein, die mich da mitgenommen und Wege geebnet haben? Oder wo war ich so eine Person? Wo würde ich mir so etwas wünschen?

Gefühlswirrwarr und dann Gott nicht vergessen. Wo habe ich Gott schon vergessen in so einem Hin und Her der Gefühle?
Welche »Denkmäler« fallen mir ein, die ich schon errichtet habe oder die andere errichtet haben?
Wie hilfreich sind solche Erinnerungshilfen für mich und mein Glaubensleben?

Habe ich auch solche ganz persönlichen Zeichen oder Rituale, die mich erinnern?
Welche Zeichen würden bei mir, zum Erlebnis und zu meinem Alltag, passen?
Würde mir so ein Zeichen für mein Glaubensleben helfen?

Welche Situationen fallen mir ein, wo ich wieder ganz stark selbst gefragt war und Gott mich herausgefordert hat?
Was ist unbequem daran, dass Gott auch mich in die Eigenverantwortung nimmt?
Was fasziniert mich daran?

Welche Erlebnisse mit Gott fallen mir ein, wenn ich mein Leben im Rückblick betrachte?
Was erwarte ich noch von Gott?
In welcher »Geschichte« stecke ich im Moment?

BEGEISTERT GLAUBE LEBEN WIE DAVID!

Im Folgenden gibt es vier Gruppenabende zum Thema »Begeistert Glaube leben wie David!«. Wer möchte, kann die Anregungen an vier aufeinander folgenden Gruppenabenden verwenden oder einzelne Abende herausnehmen. Der Aufbau ist auch gut für eine Wochenendfreizeit oder eine längere Freizeit geeignet.

1. Abend: Brettspiel zu Davids begeisterndem Lebenslauf 1.+2. Samuel

Kurzbeschreibung
Das Spiel ist so aufgebaut, dass man Davids Lebenslauf wiederholt oder ganz neu von ihm hört – also für »Insider« und »Outsider« geeignet, ebenso von beiden gleichzeitig spielbar, ohne dass sich die nicht so »Bibelfesten« blamieren. Man muss während des Spiels immer in der Bibel nachschlagen und bekommt auch immer wieder süße Belohnungen. Außerdem entstehen während des Spielverlaufs grobe Comiczeichnungen, die später aufgehängt und noch einmal betrachtet werden können.
Zeitumfang
ca. 60-90 Minuten
Teilnehmeranzahl
4-100 Personen, je nach Anzahl entsprechend viele Spiele vorbereiten
Material / Vorbereitung
Die Spielkarten kopieren, die Spielpläne erstellen (siehe Bild), Lückentext für jeden Teilnehmer und Spielregeln pro Spielgruppe kopieren, Bibeln, Würfel und Spielfiguren bereithalten (pro Spiel und Person zwei pro Farbe, eine für den Lebenslaufkreis, eine für die »David-Kenner-Treppe«), pro Spiel ein Schüsselchen mit Schokonüssen, Gummibären o.ä. richten, Papier, Stifte und Tesafilm bereitstellen, Tagebuch für jeden Teilnehmer (ein mit Geschenkpapier beklebtes DIN A5-Schulheft oder ein selbst zusammengetuckertes Heft), ruhige Musik, Flipchart oder Tafel

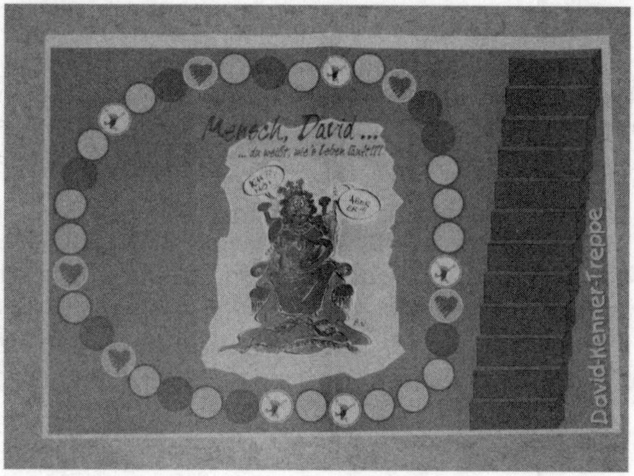

Ablauf des Gesellschaftsspiels (ca. 50-60 Minuten)

1.) 1. Samuel 16, 11 *David, der Hirtenjunge* Lies den Bibeltext allen laut vor. Skizziere danach grob auf ein DIN A4-Blatt David und fünf Schafe. Schreibe in die fünf Schafe jeweils eine Eigenschaft, die David beim Schafehüten gelernt / entwickelt haben könnte. Im weiteren Spielverlauf gibt es immer wieder etwas zu malen – es sind hier keine großen Künste gefordert, sondern schnelle Skizzen.	11. 1. Samuel 19, 1-3 *David und Jonathan* Lies den Bibeltext allen laut vor. Skizziere grob ein Bild zur Freundschaft von David und Jonathan. Schreibe dann drumherum lauter Begriffe, die diese Beziehung ausmachen / tragen. Die Begriffe steuern die Mitspieler bei.
2.) 1. Samuel 16, 6-13 *Der Letzte soll König werden* Lies den Bibeltext allen laut vor. Skizziere grob auf einem Blatt David und seine Brüder, male jedem Sprech- oder Gedankenblasen dazu und fülle diese aus. Was könnten die einzelnen Brüder und David gedacht haben?	12. 1. Samuel 19, 11-19; 20, 1 *David flieht* Lies den Bibeltext allen laut vor. David rennt weg – skizziere dies grob. Hinter seinen Rücken sollen dann die Wörter, die ihn verfolgen (z.B. Saul, Eifersucht, …), geschrieben werden. Jeder Mitspieler schreibt ein »Verfolgungswort«. Als Anregung zum Nachdenken und in einer kurzen Runde darüber sprechen: Vor was würde ich gerne davonrennen? Vor was fliehe ich?

3. Joker! Du darfst einfach so eine Stufe auf der »David-Kenner-Treppe« hinauf. Aber das ist dann Belohnung genug.	13. 1. Samuel 22, 1+2 *David als Freischärler und Söldnerführer* Lies den Bibeltext allen laut vor. Zur Info und zum Vorlesen: Um den Nachstellungen Sauls zu entgehen, zog David in den Südteil des judäischen Gebirges und sammelte dort eine Kampftruppe aus z.T. zwielichtigen Elementen um sich. Er führte dort ein Freibeuterleben und trat schließlich mit seiner Schar als Söldnerführer in den Dienst des Philisterkönigs Achisch von Gat. Dieser gab ihm, gegen Heeresnachfolge auf Abruf, den Ort Ziklag mit Ländereien zum Lehen. Durch diese Umstände wäre David beinahe in die peinliche Lage geraten, bei der Entscheidungsschlacht zwischen Israel und den Philistern auf der Seite der Feinde seines Volkes kämpfen zu müssen. Durch das Misstrauen der Philisterkönige, die, anders als sein Lehnsherr, an Davids Vertrauen zweifelten und seine Teilnahme am Kampf zurückwiesen, entging er dieser Situation.
4. 1. Samuel 16, 17-19 *David, der Harfenspieler* Lies den Bibeltext allen laut vor. Nimm dir ein DIN A4-Blatt und skizziere grob David mit seiner Harfe. 5. 1. Samuel 17, 1-7; 17; 26-32; 37-40 *David traut sich was* Lies den Bibeltext allen laut vor. Ist David hier mutig oder dumm? Jeder soll für sich überlegen, wo er – als Kind oder als Erwachsener – schon unterschätzt wurde. Berichtet euch gegenseitig kurz davon. Außerdem überlegen: Was traue ich mir zu? Wer in dieser Runde ist eher selbstbewusst und wer eher ängstlich? Wer verlässt sich in kritischen Situationen auf Gott, wer schreckt eher zurück?	14. Joker! Du darfst einfach so eine Stufe auf der »David-Kenner-Treppe« hinauf. Aber das ist dann Belohnung genug. 15.1. Samuel 24, 4-8 *David in der Höhle* Lies den Bibeltext allen laut vor. Skizziere grob die Szene. Male zu David und zu Saul jeweils eine Gedankenblase und schreibe hinein, was ihnen *hinterher* durch den Kopf gegangen sein könnte.

6. 1. Samuel 16, 41-45; 48-51 *David und Goliath* Lies den Bibeltext allen laut vor. Skizziere grob die Szene. Danach schreibt jeder Mitspieler in den aufgemalten Goliath je ein Stichwort, was für ihn ein Riese ist / ihm Angst macht / ihn unsicher macht / wie ein unüberwindbarer Berg vor ihm steht.	16. 2. Samuel 2, 4 / 2. Samuel 5, 1-5 *David wird König von Juda, dann über ganz Israel* Lies den Bibeltext allen laut vor. Skizziere grob ein Bild von der Krönung Davids. Schreibe drumherum sein Alter, seine Regierungszeiten und wer ihn jeweils zum König gesalbt hat.
7. Joker! Du darfst einfach so eine Stufe auf der »David-Kenner-Treppe« hinauf. Aber das ist dann Belohnung genug.	17. (2. Samuel 11 – nicht aufschlagen!) *David und Batseba* Erzähle aus deiner Erinnerung die Geschichte von David und Batsebas Ehebruch. Wenn du nicht weiterweißt, sollen die anderen helfen. Falls es keiner weiß, solltet ihr es doch nachschlagen.
8. 1. Samuel 18, 5-11 *David in Gefahr* Lies den Bibeltext allen laut vor. In diesem Text geht es um Neid und Eifersucht gegenüber dem Erfolg und Ansehen eines anderen. Nimm ein Blatt Papier und falte es in der Hälfte. Schreibe dann pro Seitenhälfte einige Dinge (die die Mitspieler beisteuern) auf, auf die Saul eifersüchtig war bzw. wo David erfolgreich war.	18. Joker! Du darfst einfach so eine Stufe auf der »David-Kenner-Treppe« hinauf. Aber das ist dann Belohnung genug.
9. 1. Samuel 18, 24-29 *David bekommt Michal zur Frau* Lies den Bibeltext allen laut vor. Skizziere ein Hochzeitsbild von David und Michal. Male in eine Ecke König Saul und schreibe in eine Gedankenblase von ihm, was er während der Hochzeitsfeier gedacht haben könnte.	19. 2. Samuel 7, 8-16 *Nathanweissagung: Herrschaft des Davidhauses »auf immer«, Ablehnung eines Tempelbaus* Lies den Bibeltext allen laut vor. Was für eine Versprechung von Gott an David! Und das nach allem, was David auch an Mist gebaut hat. Echt tröstlich, dass Gott so zu ihm steht. Male einen betenden, älteren König David grob auf und schreibe in eine Sprechblase einen Satz, was er nach der Weissagung zu Gott gesagt haben könnte.

10. Joker! Du darfst einfach so eine Stufe auf der »David-Kenner-Treppe« hinauf. Aber das ist dann Belohnung genug.	20. Wer ist der Beste? Jeder bekommt gleich einen Lückentext, bitte vorne bei der Spielleitung abholen. Wer den Lückentext am schnellsten und richtig ausgefüllt hat, darf zwei (!) Stufen auf der »David-Kenner-Treppe« hochsteigen. (Hat der Schnellste Fehler gemacht, bekommt der Zweitschnellste den Zuschlag, etc.)

Spielregeln:

- Das Spiel geht immer im Lebenslaufkreis rundum, jeder beginnt irgendwo auf dem Kreis und startet ab dort seine Runden.
- Der jüngste Spieler beginnt, dann geht es im Uhrzeigersinn weiter.
- Bei einer Sechs nicht noch mal würfeln.
- Wenn zwei Spieler auf dem gleichen Feld stehen, wird nicht rausgeworfen.
- Wenn man auf ein leeres Feld kommt, passiert nichts.
- Wer auf ein Aufgabenfeld (rot) kommt, muss diese Aufgabe erledigen. Ist er damit fertig, darf er auf der »David-Kenner-Treppe« eine Stufe hoch.
- Da die Personen, die auf einem Aufgabenfeld sitzen, besonders beansprucht werden, dürfen sie nach Erledigung ihrer Aufgabe immer eine Belohnung essen.
- Das Spiel ist zu Ende, wenn alle Aufgabenkärtchen aufgebraucht sind. Wer am weitesten die »David-Kenner-Treppe« erklommen hat, hat gewonnen.
- Bei den Aufgaben werden immer wieder Strichzeichnungen entstehen. Bitte jeweils die Aufgabennummer rechts oben in die Ecke schreiben, die Überschrift des Aufgabenkärtchens dazuschreiben und ganz am Ende alle Blätter eurer Gruppe in der richtigen Reihenfolge an die Wand heften, damit es ein Comic gibt.
- Beim »Begeisterungs-Bild« einen Luftsprung mit Begeisterungsschrei machen. Wenn er laut und echt ist, gibt es auch eine Belohnung (darüber entscheidet die Gruppe (fair!)). Für einen besonders gelungenen Begeisterungsschrei darf man auch die »David-Kenner-Treppe« hochgehen.
- Da es wichtig ist, dass man sich unter den Spielern gut versteht und die Gemeinschaft mit den Mitmenschen genießen kann, soll man, wenn man auf ein Herz kommt, jemandem aus der Gruppe etwas Nettes sagen.

Kurze Andacht nach dem Spiel (ca. 5-8 Minuten)

David – ein Hirtenjunge, ein König, ein von Gott Gesalbter, ein großer Mann – und doch nur ein Mensch!

David heißt übersetzt »Geliebter«. Vom Schafpferch weg wird er an den Königshof berufen. Er vertraut Gott, dem Helfer und bekommt so Mut zu großen Taten. Er lässt sich führen und ist weise in seinem Tun. Er erwartet allen Segen von Gott und hofft auf die Verheißung. Und er kann auf die Verheißung warten – eine ganze Zeit! Er wird aber auch übermütig und sündigt. Doch er sieht seine Fehler ein, tut Buße und beugt sich unter die Folgen, unter Gottes Gericht.
Alles, was er mit Gott erlebt hat, besingt er in Psalmen.
Er ist der größte König Israels, dem die Einigung des Volkes, der Sieg über die Nachbarvölker, die Gründung der Hauptstadt (vor allem in den heutigen Tagen wieder hochaktuell), die Verbindung zwischen Thron und Altar gelingt. Regiert ums Jahr 1000 v. Chr.
David – ein Hirtenjunge, ein König, ein von Gott Gesalbter, ein großer Mann – und doch nur ein Mensch!

Wenn man jetzt so auf Davids Lebenslauf zurückblickt, dann fallen Vergleiche zum eigenen Leben nicht unbedingt ganz leicht. Wer kann schon von sich behaupten, so eine abartige Karriere vom kleinen Hirtenjungen zum großen König gemacht zu haben. Wer kann sich mit dem großen Staatsmann David vergleichen, mit dem Herrscher, mit dem von Gott Ausgewählten und Gesalbten.

Aber wenn man genauer hinschaut, dann erkennt man vielleicht doch Parallelen. Klein sein und doch mal groß rauskommen – das kennt man selbst auch. Wenn man unterschätzt wurde und dann doch mit Gottes Hilfe Erstaunliches schafft.
Oder wenn man im Lebenslauf Gott immer mal wieder ganz nah spürt und sich dann aber auch von ihm abwendet und sich entfernt.
Wenn man sich super fühlt nach Erfolgen. Oder aber ein schlechtes Gewissen hat und sich ganz klein fühlt, weil man genau weiß, das, was man gemacht hat, war nicht okay.
Auch der Mensch heute kann sich in David ganz gut hineinversetzen. Und es ist doch sehr beruhigend, dass Gott ihn nach seinen Fehlern (im Spiel kamen nicht mal alle dran!) nicht gleich abgehakt hat. Gott hatte ganz schön Geduld mit ihm. Er hat diesen David, den Ehebrecher, den Mörder, den Zweifler, den nicht gerade besten und konsequentesten Vater später sogar zum Stammvater werden lassen – von Davids Geschlecht stammt Jesus ab!

Wie beruhigend, dass Gott mit solchen Menschen Geschichte macht, die einfach ganz menschlich sind und handeln.
Dieser David wird in den nächsten Gruppenabenden (falls man die ganze Reihe durchführt) noch genauer unter die Lupe genommen, weil man an ihm konkret sehen kann, was »begeistert glauben« umgesetzt bedeuten kann.

Damit man aber nicht alles gehört und dann bald schon wieder vergessen hat, wird das Spiel von eben mit etwas abgeschlossen, was auch in kommender Zeit ein Begleiter sein wird. Ein Tagebuch.
Es hat den Zweck, dass man nicht nur hinhört, sondern auch tiefer geht und sich persönlich ansprechen lässt.
Dass man das festhält, was einen bewegt, damit man es später noch mal anschauen und sich erinnern kann.

Tagebuchzeit (ca. 5-10 Minuten)
Jeder der Teilnehmer bekommt ein Tagebuch, schreibt seinen Namen drauf und notiert sich in einigen Sätzen, was er nach diesem Abend von David festhalten will, was er von ihm denkt, was ihm gerade über ihn durch den Kopf geht. Währenddessen läuft ruhige Musik. Danach können die Tagebücher eingesammelt und gut verschlossen bis zum nächsten Mal aufbewahrt werden (versichern, dass niemand reinschaut, nur dann wird auch wirklich Persönliches notiert) oder jeder nimmt sein Tagebuch mit nach Hause und bringt es zum nächsten Mal wieder mit.

Der Mitarbeiter schreibt folgende Impulse als Anregung auf ein Flipchart oder eine Tafel. Den Teilnehmern wird erklärt, dass sie nicht wie in der Schule einen Punkt nach dem anderen »abarbeiten« müssen, sondern sich die heraussuchen können, die sie gerade am meisten ansprechen.

Impulse für die Tagebuchzeit:

- Was denke ich jetzt im Moment über David?
- Was war mir bekannt, was war mir neu?
- Wo sehe ich Ähnlichkeiten zwischen mir und David?
- Wenn ich David in vier Sätzen beschreiben müsste ...
- Vergleich: mein Lebenslauf / Davids Lebenslauf – wo gibt es Parallelen (Hoch- und Tiefpunkte bei David / bei mir)?
- Was möchte ich noch festhalten?

2. Abend: Begeisterung an Gott in Psalm 66
Psalm 66

Kurzbeschreibung
Durch Körperübungen und kreativ-malerische Umsetzung des Psalms 66 erfolgt eine persönliche Annäherung an den Text. Durch Textarbeit und einen Referatsteil wird dies vertieft. Am Ende schreibt jeder seinen eigenen Psalm in Anlehnung an Psalm 66.
Zeitumfang
ca. 125 Minuten
Teilnehmeranzahl
5-100 Personen
Material:
CD-Player, selbst zusammengeschnittene Musik, lebhafte und ruhige Musik, DIN A3-Blätter in weiß, ausreichend Wachsmalstifte für alle, Kopien des Bibeltextes, Stifte, Flipchart oder Tafel, Tagebücher (schon vorhanden, siehe unter dem »David-Lebenslaufspiel«; wer den Abend einzeln herausnimmt, neu bereitstellen), Scheren, Klebstoff

Ablauf

Warming-up (ca. 20 Minuten)
Der Psalm 66 soll nicht nur kognitiv, sondern ganzheitlich erarbeitet werden. Deshalb startet man zuerst mit einem Warming-up.

Alle Teilnehmer gehen durch den Raum, eine flotte Hintergrundmusik wird abgespielt. Jeder soll die Anweisungen des Mitarbeiters für sich alleine ausführen und auf sich selber achten, nicht auf die anderen. Es kostet vielleicht zuerst Überwindung, aber die Teilnehmer finden schnell hinein, nur Mut!
Wichtig ist auch hier eine genaue Beobachtung und Wahrnehmung der Gruppe und jedes Einzelnen. Der Mitarbeiter gibt immer eine Anweisung und lässt dann ca. 15-30 Sekunden Zeit für die Aufgabe, ruft dann die nächste Aufgabe in den Raum. Hier sollte auf die Teilnehmer geachtet werden – wenn sie sich erst langsam trauen, die Anweisungen umzusetzen, ist es natürlich ratsam, etwas mehr Zeit zu geben. Wenn man merkt, dass sie sich bei einer Aufgabe unwohl fühlen, schneller die nächste ausrufen.
alleine durch den Raum gehen
- schnell
- langsam

- seitwärts
- rückwärts
- Fußinnenseiten
- Fußaußenseiten
- Ferse
- Zehenspitzen
- hüpfen
- rennen
- schleichen
- tippeln
- gehen
- schlendern
- rennen und stoppen
- möglichst viele Hände schütteln

Aktivitätenblock

Wieder gehen alle Teilnehmer durch den Raum und alle 30-60 Sekunden kommt eine neue Anweisung. Ideal ist es, wenn der Mitarbeiter vorher eine Kassette / CD aufgenommen hat, die die jeweiligen Anweisungen mit passender Musik unterstreicht (z.B. bei der Anweisung »Gewaltig loben!« eine »mächtige« Musik, bei der Aufforderung »Jubeln!« eine fröhliche, bei der Aufgabe »Herumtrampeln!« eine etwas aggressivere ...). Dies hilft den Teilnehmern, sich in die Gefühle besser hineinzuversetzen und macht sie auch sicherer, weil schon ein gewisser Lärmpegel herrscht und sie dann leichter aus sich herausgehen können (z.B. beim Stöhnen oder beim Freudenschrei). Diesen Teil sollte man nicht weglassen, denn es sind genau die Gefühle und Tätigkeiten, die in dieser Reihenfolge auch im Psalm vorkommen. So wird der Psalm später viel bewusster angeschaut, weil er persönlich »durchlebt« worden ist.

- gelöst durch den Raum gehen, jeder achtet auf sich selbst
- jubeln (z.B. im Lotto gewonnen, vor Freude durch den Raum springen)
- gewaltig loben
- begeistert auf etwas zeigen
- freuen
- jubeln
- gehen wie jemand, der eine schwere Last tragen muss, die ihn drückt (mit Stöhnen)
- auf etwas herumtrampeln
- befreit aufatmen, direkt nach einer Gefahr
- etwas vorsichtig tragen
- bedrängt werden
- andere herwinken und begeistert auf etwas hinweisen
- Freuden- und Begeisterungshüpfer machen

Wort heraushören und gestalten (ca. 25 Minuten)
Der Bibeltext wird nun ein Mal langsam vorgelesen. Danach weist der Mitarbeiter auf den Zusammenhang zwischen den eben umgesetzten und erlebten Gefühlen und denen im Psalm hin. Anschließend erklärt der Mitarbeiter, dass er den Psalm gleich noch einmal vorliest. Dabei soll jeder genau hinhören und sich ein Wort merken, das ihn gerade am meisten anspricht.
Danach bekommt jeder Teilnehmer eine Kopie des Psalm 66, am besten aus der »Hoffnung für alle«, da daraus auch die Gefühle (s.o.) entnommen wurden. Hier kann er noch einmal »sein« Wort suchen und unterstreichen. Man könnte auch gleich den Text austeilen und das Wort so heraussuchen lassen, doch durch das vorgeschobene Zuhören mit »Wort merken«, wird besser auf den Text geachtet als beim Überfliegen des Textes.

Nun erhält jeder ein DIN A3-Blatt und Wachsmalstifte und bekommt die Aufgabe, sein Wort gestalterisch in Form und Farbe umzusetzen. Wäre es zum Beispiel das Wort »Sonne«, könnte man »Sonne« groß und gelb schreiben und aus dem »O« eine Sonne malen. Wäre es das Wort »Angst«, könnte man es schwarz, groß und fett schreiben, weil man Angst so riesig bedrückend empfindet. Oder man könnte es ganz klein und zittrig in eine Ecke schreiben, weil man sich bei Angst so klein und zaghaft fühlt. So soll jetzt also jeder in den kommenden 15 Minuten »sein« Wort in Form und Farbe umsetzen. Für genügend Platz und Wachsmalfarben sorgen und nebenher ruhige Musik abspielen.

Wortauslegung (ca. 10 Minuten)
Nach dieser »Malaktion« kommt jeder wieder in den Stuhlkreis zurück und der Mitarbeiter liest noch einmal den Psalm 66 ganz langsam vor. Wenn das »eigene« Wort fällt, soll der jeweilige Teilnehmer aufstehen und sein gestaltetes Wort in die Kreismitte legen – als etwas andere Form der »Bibelwort-Auslegung«. Dabei hat jeder die Aufgabe zu überlegen, wo er das Wort platzieren möchte. Nicht nur chronologisch laut Psalmablauf nacheinander, sondern die Wörter in Beziehung zueinander setzen. Zum Beispiel das Wort »Angst« ganz nahe an das Wort »Gott«, weil der in der Angst hilft. Oder das Wort »Angst« in eine entlegene Ecke legen, weil man sich damit verstecken will. Bei einer größeren Gruppe sollte man danach noch einmal die Möglichkeit geben, die Bilder aus der Nähe zu betrachten – bei einer kleineren Gruppe ist dies schon aus dem Stuhlkreis möglich.

Kleingruppengespräch (ca. 10 Minuten)
Es folgt ein Austausch in Kleingruppen, immer drei bis vier Personen. Das Gespräch soll sich um das gestaltete Wort und die Eindrücke von der »Wortauslegung« drehen.

Impulse für das Gespräch:

- Wie habe ich das Wort gefunden?
- Was bedeutet das Wort für mich?
- Erzählen von mir / meiner Situation (nur so viel, wie ich will)
- Was fiel mir bei der »Auslegung« auf?
- Nachfragen bei den anderen zu ihrem Bild ...

Wer möchte, kann sich dazu auch Notizen im Tagebuch machen.

Kognitive Betrachtung des Psalms (ca. 10 Minuten)

Nachdem es bisher stärker um das persönliche Hören, die Gefühle und die kreative Umsetzung im Psalm 66 ging, soll nun ein kognitiver Teil folgen, in dem man nicht mehr »im« Text arbeitet, sondern wieder einen Schritt zurücktritt und sich »neben« den Psalm stellt, ihn von außen betrachtet. Dies geschieht in den gleichen Kleingruppen wie eben. Die Kopie des Psalms 66 wird wieder hervorgeholt und dann gemeinsam überlegt, wie der Psalm aufgebaut ist. In welche Teile man ihn untergliedern könnte, welche Wörter / Sätze auffallen, wo man noch Fragen hat. Anschließend folgt ein kurzes Zusammentragen der Ergebnisse im Plenum.

Informationen zu Struktur und Gliederung von Psalm 66 (ca. 10 Minuten)

Nach der Textarbeit der Teilnehmer geht der Mitarbeiter auf einige Details aus dem Text ein:

Bei diesem Psalm handelt es sich um eine Liturgie, evtl. um zwei selbstständige Lieder. Der erste Teil ist ein Aufruf an alle Völker, Gott für sein rettendes Handeln an seinem Volk zu preisen.
Ein Teil wird vorgetragen von einem Chor (Vers 1-7), ein Teil von der Gemeinde (Vers 8-12).
Der zweite Teil ist das Danklied eines Einzelnen für die Rettung aus einer persönlichen Notlage (Vers 13-20).
Der Psalm 66 zerfällt somit in zwei, bzw. drei Teile:

- Vers 1-12 ist eine festliche Gemeindeliturgie und feiert im hymnischen Stil die Majestät Gottes, die sich in seiner »ewigen Herrschaft« (Vers 7) und seinen wunderbaren Heilstaten (Vers 3, 8-12) kundgetan hat (Chor: 1-7, Gemeinde: 8-12).

- Vers 13-20 ist das Danklied eines Einzelnen, der im Tempel die versprochenen Gelübdeopfer darbringen will (Vers 13-15) und der Gemeinde von der Erhörung seines Gebetes erzählt (Vers 16 ff).

- VBeide Teile kann man nicht voneinander trennen, da sonst der erste Teil ohne einen Abschluss bleiben würde und der zweite Teil ohne eine Einleitung beginnen würde. Sie gehören nicht nur im literarischen Stil zusammen, sondern auch hinsichtlich der Situation, bei der sie vorgetragen werden. Manche Ausleger behaupten, der Verfasser des Liedes (vielleicht David?? – er ist hier nicht direkt als Verfasser erwähnt wie bei anderen Psalmen, doch auch dieser Psalm könnte von ihm sein, wie so viele andere) hätte eine ältere Chorliturgie »geklaut«, um seinem Danklied eine pompöse Einleitung zu verschaffen, um damit dem Überschwang seiner Gefühle, seiner Begeisterung Ausdruck zu geben.

- Wahrscheinlicher anzunehmen ist, dass alles von dem Kult um das allgemeine jährliche Jahwefest ausgeht, aus dessen Liturgie der erste Teil des Psalms kommt, in dem die Gelübdeopfer der Festbesucher dargebracht und persönliche Danklieder vorgetragen werden (s. auch 1. Sam. 1, 21).
- Die innere Beziehung der beiden Teile liegt jedoch nicht nur darin, dass sie beide Bestandteile der gleichen Kultfeier sind, sondern dass der Einzelne das, wofür er persönlich seinem Gott zu danken hat, ins Licht der großen Heilsgedanken Gottes stellt. Diese bilden den Mittelpunkt der Kultfeier. Die Begeisterung an Gottes Weg, an seinen Heilsgedanken für die Menschen, seines Volkes allgemein, aber auch speziell für jeden Einzelnen.
- Die Einzelstimme des Beters fügt sich so in den Chor der Gesamtgemeinde ein: Was der Beter von Vers 13-20 erfahren hat, ist genauso ein Stück Heilsgeschichte Gottes mit seinem Volk. So haben beide Teile den gleichen theologischen Mittelpunkt: die Heilsgeschichte Gottes mit seinem Volk und mit jedem Einzelnen. Und weil diese Erkenntnis begeistert, sind diese Texte entstanden, weil man über diesen großen Gott nicht schweigen darf, sondern begeistert diese Erfahrungen und Erkenntnisse mit und über Gott weitergeben muss – in einem Psalm, in einem Danklied, in einer alljährlichen Liturgie, um die Begeisterung mit Hilfe dieses Rahmens immer wieder neu nachzuvollziehen und neu zu erleben.

Fokus auf den ersten Teil:

- Der ganze erste Teil ist ein Echo. Ein Echo von dem, was die Gemeinde im Festkult erlebt hat. *Rauschender Jubel und begeisterter Lobgesang* soll Gott entgegenschallen und ihm so die Herrlichkeit und Ehre zurückgeben, die er dem Volk hat zukommen lassen.

- *Vor Gottes hoheitsvoller Gegenwart erschauern sie*, so betet ihn die Welt an. Selbst seine Feinde müssen gegen ihren Willen seine große Macht anerkennen. Es gibt nichts, was sich dem Wirkungsbereich Gottes entziehen könnte.

- Das hebräische Wort, das in Vers 3+5 mit *wunderbar / furchtbar* übersetzt ist, hat eine doppelte Bedeutung, die sich vielleicht am besten mit *»überwältigend«* ausdrücken lässt: Gottes Taten sind Anlass zu dankbarem Staunen für sein Volk, aber erschreckend für seine Feinde.

- Für seine Gemeinde ist Gott jedoch nicht das undurchdringliche und unnennbare Geheimnis, vor dem sie unsicher und ergriffen in den Staub sinkt. *Seiner Gemeinde hat sich Gott offenbart*, seinen Namen gesagt.

- Die »furchtbaren Taten« zeigen noch mal den *dramatischen Charakter* der kultischen Darstellung der Heilsgeschichte.

- *Die Gemeinde ist Zeuge: sie erlebt Gottes Heilswerk unmittelbar am gegenwärtigen, aktuellen Geschehen und sie kennt seine Taten der Vergangenheit* – die Rettung am Schilfmeer und die Überschreitung des Jordans. Diese grundlegenden Erlebnisse des Volkes Israel, Auszug und Landnahme, prägen ihren Glauben, die Kultfeier und ihr heutiges Leben im Vertrauen auf diesen Gott. Alle geschichtliche Distanz in Zeit und Raum verschwindet vor der Realität Gottes. So stehen die Kultteilnehmer ihm in derselben Situation gegenüber, wie damals das Volk Israel bei Auszug und Einzug.

- Dadurch erklären sich die Aufforderungen in Vers 3 und 5, dass sich alle an Gott mühelos freuen sollen. *Das Damals wird Heute*, Gott ist zu loben.

- Der Aufruf »Kommt her« in Vers 5 gilt allen Völkern (vgl. Vers 8, alles Land).

- *Vers 9-12 dient mit seinen hymnischen Formen ebenfalls dem Lob Gottes.* Auch in vielen kritischen Situationen im Verlauf der Geschichte seines Volkes wird Gottes wunderbares Handeln sichtbar. Alle schweren Bedrängnisse haben das Vertrauen des Volkes zu seinem Gott nicht erschüttern können.

- *Der Weg zum Heil, der Weg, auf dem Gott sein Volk in die Freiheit führt, ist nicht automatisch durch den Glauben an Gott ein einfacher Weg*, es ist nicht automatisch ein problemloser Weg. Es werden Anfechtungen aufgezählt: Gefängnis, Bedrückung, Demütigungen, Niederlagen, Lebensgefahr (= Feuer und Wasser), menschliches Versagen und Verzagen.

So sieht die Wirklichkeit aus, in die Gott uns hineingestellt hat (Vers 9). Aber wahrscheinlich kann man dafür noch viel begeisterter von Gott berichten, als wenn einem alles ganz selbstverständlich in den Schoß fällt und es einem gut geht. Wer kennt das nicht – nach einem Aufschwung aus dem Tief ist man Gott wieder viel näher gekommen, es hat neu begeistert, wie Gott einen im Rückblick begleitet hat.

- Vers 9+10: *Seele* in Vers 9 meint den ganzen Menschen.

- Zur *Läuterung wie Silber*: Die Gewinnung und Läuterung von Edelmetallen wird in der Bibel zum Bild für die Prüfung des Glaubenslebens auf seine Echtheit und die Läuterung des Gottesvolkes durch Strafgerichte und Leiden. Es geht dabei vor allem um die Ausscheidung von Verunreinigungen, die durch das Erhitzen von Gold und Silber im Tiegel geschieht. Beim Schmelzvorgang wurde durch ein spezielles Verfahren Blei vom Silber getrennt. Um reines, »lauteres« Silber zu erhalten, war oft ein mehrfacher Schmelzvorgang nötig.

- Vers 11: mit dem *Turm* ist das Gefängnis gemeint.

Fokus auf den zweiten Teil (Vers 13-20):

- Auf diese Basis, auf diese Gedanken fügt sich das *Dankgebet des Einzelnen* ohne weiteres in den großen Rahmen ein, den die Festliturgie der Gemeinde gespannt hat.

- Auch sein persönliches Schicksal, auf das der Beter dankbar zurückblickt, ist ein solcher Leidensweg gewesen, den Gott ihm nicht ganz einfach gemacht hat. Er wurde aus der Bedrängnis (Vers 14) in die Freiheit geführt.

- Deshalb will er nun die Dankopfer bringen (Vers 13-15) und mit seinem eigenen Hymnus, den er in schlechten Tagen gesungen hat (Vers 17), in den Chor der Gesamtgemeinde einstimmen (Vers 20).

- In Vers 16 fordert er seine Glaubensgenossen auf, seiner Erzählung zuzuhören, dem, was Gott an ihm getan hat. Sie sollen ebenfalls einstimmen in das Lob Gottes, auch sie sollen ihrer Begeisterung Ausdruck geben, sich von seiner Begeisterung anstecken lassen.

- Hier wird klar: auch der Einzelne hat eine Heilsgeschichte mit Gott. Auffallend: egal, was der Einzelne auch Besonderes erlebt hat, der Akzent in dem Psalm liegt nicht auf den Einzelheiten all dessen, was der Beter durchgemacht hat, auf dem, was ein biographisches oder psychologisches Interesse befriedigen könnte (wobei das auch interessant ist). Der Akzent liegt auf der entscheidenden Gottestat. Hier spürt man die Begeisterung an Gott heraus. Nicht der Einzelne macht sich wichtig, begeistert sich für seine Erlebnisse – er begeistert sich für Gott. Natürlich hängt dies unmittelbar zusammen und doch prägt es den Psalm und den Glauben dieses Psalmbeters (Davids?).

- In Vers 18 hebt der Psalmbeter die Gebetserhörung und die Aufrichtigkeit seines Herzens hervor.

- Sein tiefes Vertrauen auf Gottes Gnade und Gottes Hilfe in den Zeiten der Not war so groß, dass er im gleichen Atemzug, als er um Hilfe rief, schon für die Hilfe gedankt hat (Vers 17 b). Diese Worte könnte man als Betonung seines tollen Gottvertrauens interpretieren. Wahrscheinlicher ist aber nach dem Gesamtzusammenhang, dass es ein Treuebekenntnis ist und ein dankbarer Hinweis auf den Weg mit Gott in guten und schlechten Zeiten.

Psalm gemeinsam lesen (ca. 3 Minuten)
Nach einer Pause, um Kopf und Raum zu lüften, wird nun der Psalm gemeinsam gelesen, wie eben erarbeitet, wie in der Liturgie damals: Chor Vers 1-7, Gemeinde Vers 8-12, Einzelner Vers 13-20. So wirkt er noch einmal ganz anders.

Eigenen Psalm in Anlehnung an Psalm 66 schreiben (ca. 20 Minuten)
Danach nimmt sich jeder seinen Psalmtext und geht ihn langsam durch. Aufgabe ist, die Erfahrungen, von denen der Psalm spricht, im eigenen Leben wiederzufinden (Kindheit / Jugend / heute) und neben den Bibeltext Stichworte zu schreiben, z.B. ein Erlebnis, bei dem man am Boden zerstört / überglücklich war.
Danach soll jeder in das Tagebuch einen eigenen Psalm schreiben: »mein Psalm in Anlehnung an Psalm 66«. Er muss nicht so lang sein wie Psalm 66, sondern er soll die Aussagen des Psalms 66, die jeweils jeden persönlich ansprechen, und die eigenen Erlebnisse zusammenfügen.

Fazit (ca. 5 Minuten)
Der Mitarbeiter bittet darum, noch einmal auf das »Wort suchen« und »Wort gestalten« und auf das Schreiben des eigenen Psalms zurückzublicken:
Der eine Teilnehmer hat bestimmt begeisterte Worte und Texte gefunden, der andere wurde von den schlechten Zeiten angesprochen. Beides ist okay, denn jeder befindet sich gerade in einer anderen Lebenssituation und »hört« deshalb den Bi-

beltext auch mit anderen Ohren. Und beides, begeistert jubeln, aber auch traurig und niedergeschlagen sein, ist vor Gott okay – wo könnte man dies besser sehen als in den Psalmen.

Begeistert glauben heißt also auch, dass es da »Hänger« gibt – sonst wird die Begeisterung wohl auch fade und nicht mehr aufrichtig, man kann nicht über Jahre oder Jahrzehnte immer ein gleiches »Level« halten.

Die Frage ist aber, ob man sich wirklich noch begeistern lässt und auch die Augenblicke oder Zeiten der Begeisterung wahrnimmt und vor Gott lebt.

Wo begeistert man sich so für Gott, dass man ihn wirklich mit anderen zusammen von ganzem Herzen lobt? Dass man einen Weg sucht, wie man seiner Begeisterung Ausdruck verleihen kann? Dies muss nicht immer ein Psalm, ein Danklied sein. Beim einen ist es vielleicht das Singen bei einem fetzigen Gottesdienst, beim anderen ein begeistertes Weitererzählen von Gott, eine begeisterte stille Zeit, ein Spaziergang mit einem begeisterten Aufnehmen von Gottes Schöpfung, ein Zwiegespräch mit Gott.

Bestimmt hat jeder so seine Zeiten und Möglichkeiten oder auch Rituale. Aber wenn man jetzt noch mal in sich geht und sich diesen Psalmbeter vorstellt, wie er sprudelt vor Begeisterung: Wo hat man selbst das letzte Mal gesprudelt? Ist man im Trott und macht halt das, was man so als wohlerzogener, frommer Christ macht ? stille Zeit, Jugendkreis, Hauskreis, Kirchenbesuch, eine Freizeit. Oder sucht man sich seinen eigenen Weg, um seiner Begeisterung für Gott Ausdruck zu verleihen?

Das soll bestimmt nicht heißen, dass all das, was eben aufgezählt wurde, schlecht ist. Bestimmt nicht. Es ist eine Hilfe und ein notwendiger Rahmen, um dranzubleiben, wie das alljährliche Kultfest. Aber die Frage ist: Wo bleibt man – übertragen gesehen – in der hilfreichen Liturgie stecken, wo bleibt man stehen und wo geht man einen Schritt weiter und fügt der allgemeinen Begeisterung, die quasi festgelegt und geordnet ist, seine ganz persönliche hinzu? Wie der Beter im Psalm hier seine eigene Geschichte ins Spiel bringt, seine eigene Begeisterung mitteilen muss, damit sein Glaube lebendig bleibt.

Und eins ist gewiss: *Dieser persönliche Ausdruck der eigenen Begeisterung tut nicht nur Gott gut, sondern auch einem selbst!!*

Tagebuchzeit (ca. 10 Minuten)

Zum Abschluss erhält jeder Teilnehmer noch einmal Zeit für sein Tagebuch. Die unten angegebenen Impulse stehen als Anregung auf einem Flipchart oder einer Tafel. Der Mitarbeiter sollte die Teilnehmer noch mal daran erinnern, dass sie nicht wie in der Schule einen Punkt nach dem anderen »abarbeiten« müssen, sondern sich die heraussuchen können, die sie gerade am meisten ansprechen. Für den Eintrag gibt es genügend Zeit zum Nachdenken und Schreiben, nebenher läuft wieder ruhige Musik. Außerdem kann der Mitarbeiter Klebstoff und Scheren bereithalten, damit die Teilnehmer, die möchten, ihre Psalmkopie und ihr gestaltetes Wort einkleben können.

Impulse für den Tagebucheintrag:

- Wo oder wann »sprudle« ich?
- Wo setze ich der »Rahmenliturgie« meines Glaubenslebens eins drauf und gebe meiner Begeisterung Ausdruck?
- Wie könnte die Ausdrucksform meiner Begeisterung für mich persönlich aussehen (Typsache)?
- Wie oft und wann nehme ich mir Zeit, damit meine persönliche Begeisterung wachsen und reifen kann, damit ich überhaupt immer wieder Gottes große Taten, seine Heilsgeschichte an mir begreife?
- Was genau nehme ich mir vor? Konkret machen: Zeitpunkt / Ort / Form ...

3. Abend: David tanzt begeistert vor der Bundeslade 2. Samuel 6, 4-7

Kurzbeschreibung

Das begeisterte Tanzen von David wird selber nacherlebt im Tanz und besser verstanden durch nähere Beschäftigung mit »Begeisterung«, durch Zitate und Kurzszenen zu diesen Zitaten. Die biblischen Personen David und Michal werden nachgestellt und bekommen »Leben«. Es geschieht eine direkte Auseinandersetzung mit diesen Personen von damals und den Parallelen zu meiner eigenen Person. Außerdem beinhaltet der Entwurf eine Vertiefung durch einen Referatsteil und Überlegungen zum eigenen (begeisterten?) Glaubensleben.

Zeitumfang

ca. 120 Minuten

Teilnehmeranzahl

5-100 Personen

Material

CD-Player, ruhige und schnelle Musik, CD »Lord of the dance« (CD »Lord of the Dance«, Michael Flatley), Liederbücher mit dem Lied »Lord of the dance« (z.B. in Musik Box 1, Tom Preston, Buchhandlung und Verlag des EJW 2001), Begeisterungszitate, Stifte, Tagebücher (schon vorhanden, siehe unter dem »David-Lebenslauf-Spiel«; wer den Abend einzeln herausnimmt, neu bereitstellen), Bibeltextkopien, Farbstifte, Pulsdiagrammkopien, viele Tücher, Klebstoff

Ablauf

Begeistert Tanzen nacherleben (ca. 10 Minuten)

Gemeinsam wird das Lied »Lord of the dance« (s.o.) gesungen. Anschließend folgt ein »Square Dance« zu der Musik von »Lord of the dance« (s.o.). Falls man die Musik nicht hat, kann man auch eine andere Musik wählen, die »in die Beine geht« – es soll erlebt werden, wie man begeistert tanzt!

Begeisterungszitate in Kurzszenen umsetzen (ca. 25 Minuten)

Anschließend sollen sich die Teilnehmer in Kleingruppen zu drei bis vier Personen zusammenfinden und pro Kleingruppe verdeckt eines der folgenden Begeisterungszitate ziehen (evtl. vorher noch eine Auswahl treffen). Danach soll in der Kleingruppe eine Miniszene zu diesem Begeisterungszitat erarbeitet und anschließend im Plenum den anderen vorgespielt werden. Es wird immer zuerst die Szene gespielt und dann das Zitat vorgelesen. Danach das Zitat mit Tesafilm an die Wand heften (wer möchte, kann sich dort später die Zitate abschreiben, die ihm besonders gefallen).

Begeisterungszitate:

Begeisterung heißt Tempo,
Unschlüssigkeit heißt Zögern.
Paul Auster, US-amerikanischer Schriftsteller

Begeisterung und Optimismus
sind die Beine des Lebens.
Peter Schumacher, deutscher Aphorismensammler und Publizist

Der schlimmste Versager auf der Welt ist der Mann,
der seine Begeisterung verloren hat.
H. W. Arnold

Die Jahre lassen unsere Haut welken,
aber die Unfähigkeit zur Begeisterung
lässt die Seele welken.
Samuel Ullmann

Wo Begeisterung zum Vorschein kommt,
verschwindet die Gleichgültigkeit.
Ernst Ferstl, österreichischer Lehrer, Dichter und Aphoristiker

Begeisterung erhebt sich über das Alltägliche
und verleiht ihm erst einen Sinn.
Norman Vincent Peale, US-amerikanischer Pfarrer und Publizist

Wenn Sie Geld verlieren, verlieren Sie viel,
wenn Sie ihre Begeisterung verlieren, verlieren Sie alles!
Ernest Miller Hemingway, US-amerikanischer Schriftsteller

Begeisterung ist der Schlüssel
zum Tor der ungeahnten Möglichkeiten.
Andrea Redmann

Begeisterung ist alles!
Gib einem Menschen alle Gaben dieser Erde
und nimm ihm die Fähigkeit zur Begeisterung,
und du verdammst ihn zum ewigen Tod.
Adolf Wilbrandt

Nur wer selbst brennt,
kann Feuer in anderen entfachen.
Augustus Aurelius, Bischof von Hippo, Philosoph, Kirchenvater und Heiliger

Man kann aus zwei verschiedenen Richtungen
an einen neuen Tag herangehen,
von der Sorge und von der Begeisterung her.
Norman Vincent Peale, US-amerikanischer Pfarrer und Publizist

Wer begeistern will,
der muss selbst begeistert sein,
der muss begeistert wirken
und er muss begeisternd handeln!
Verfasser unbekannt

Begeisterung ist Glaube,
der Feuer gefangen hat.
Walter Heiby

Tagebuchzeit (ca. 5 Minuten)
Jeder Teilnehmer holt sein Tagebuch hervor und trägt »sein« Zitat ein, das er mit seiner Kleingruppe erarbeitet hat. Außerdem können auch noch weitere Begeisterungszitate eingetragen werden, die den jeweiligen Teilnehmer persönlich ansprechen.
In der verbleibenden Tagebuchzeit kann nun noch über folgenden Impuls nachgedacht und eine Tagebucheintragung gemacht werden. Im Hintergrund läuft eine leise ruhige Musik.

- Wo kann man diese Begeisterungszitate auf den Glauben übertragen / anwenden?
- Welches Zitat motiviert mich?
- Welche Kurzszene war für mich besonders eindrücklich – gibt es da Verbindungen zu meinem Leben?

Annäherung an den Text (ca. 5-8 Minuten)
Der Mitarbeiter liest den Bibeltext nach der Übersetzung »Hoffnung für alle« vor. Jeder schließt dabei die Augen und malt sich vor dem inneren Auge die Bilder aus, stellt sich die Personen vor.
Danach bekommt jeder Teilnehmer eine Kopie des Bibeltextes aus der »Hoffnung für alle« und / oder der Lutherübersetzung. Jeder soll den Text noch mal für sich durchgehen und bearbeiten, z.B. Positives und Negatives farblich kennzeichnen, Frage- und Ausrufungszeichen an den Rand malen.
Am Ende sucht jeder Teilnehmer für sich eine eigene Überschrift für den Text, das, was ihm passend erscheint. Anschließend werden im Plenum die Überschriften unkommentiert genannt.

Exegese zu 2. Samuel 6, 14 ff (ca. 5 Minuten)
Es folgen einige exegetische Informationen zum Text:
Die Bundeslade war im Kampf mit den Philistern in deren Hände gefallen, das Heiligtum mit den Geboten war nicht mehr in Israel. Israel war traurig, denn es war, als wohnte Gott nicht mehr inmitten seines Volkes, im Lande der Philister brachte die Lade aber keinen Segen. Vielmehr erkrankten die Philister dort, wo die Lade war, an schlimmen Beulen. So wurde die Bundeslade dann wieder an das Volk Israel zurückgegeben und lagerte in Kirjat-Jearim.

David hatte viel erlebt, er war mittlerweile König über ganz Israel, er hatte Jerusalem erobert und nun wollte er die Bundeslade von ihrem »Abstellplatz« in Kirjat-Jearim nach Jerusalem holen.

2. Samuel 6, 4-7
»Und als sie den Wagen mit der Bundeslade aus dem Hause Abinadabs führten, der auf dem Hügel wohnte und Achjo (sein Sohn) vor der Lade herging, *tanzten David und ganz Israel vor dem Herrn her mit aller Macht* im Reigen, mit Liedern, mit Harfen und Psaltern und Pauken und Schellen und Zimbeln.
Und als sie zur Tenne Nachons kamen, griff Usa zu und hielt die Lade Gottes fest, denn die Rinder glitten aus. Da entbrannte des Herrn Zorn über Usa und Gott schlug ihn dort, weil er seine Hand nach der Lade ausgestreckt hatte, so dass er dort starb bei der Lade Gottes.«

Warum das? Wie gemein! Und es hat zur Folge, dass David Angst bekommt und die Lade stehen lässt, er traut sich nicht, sie noch nach Jerusalem zu bringen (Vers 10).
Die unerwartete Katastrophe zeigt nicht nur die Gefahr bringende Heiligkeit der Lade, sondern auch die souveräne Freiheit Gottes. Er lässt sich nicht dazu missbrauchen, aus politisch-religiösen Gründen die Lade zu holen.
Die Gegenwart der Bundeslade bringt nun aber der Familie, die die Bundeslade jetzt beherbergt, großen Segen. So wagt David einen neuen Versuch und holt die Lade im zweiten Anlauf nach Jerusalem.

Davids Tanz findet Michal absolut unpassend. Sie hat vielleicht nicht ganz unrecht. Ekstatische Elemente und Tänze waren schließlich auch Bestandteil der kanaanitischen Fruchtbarkeitsreligion, siehe die Geschichte von Elia und den Baalspriestern (1. Kön. 18, 28f). Aber man findet solche Stellen auch in den Prophetengemeinschaften Israels (1. Sam. 10, 10-12). David demütigt sich bewusst unter Gott, weil er weiß: wer sich selbst erniedrigt, wird vor Gott erhöht (Mt. 23, 12). Deshalb rechnet er vor Michal und dem Volk mit Verständnis. Sauls Tochter Michal ist aber bedacht auf ihre königliche Würde. Hier steht sie noch mal für die Art Sauls. Im Bibeltext gleich anschließend steht, dass sie keine Kinder bekommen konnte. Ihre Kinderlosigkeit zieht einen klaren Trennstrich zwischen den beiden Königshäusern. Es gibt kein Kind vom Gesalbten David und von der Tochter des Gesalbten Saul. Nur die Königslinie Davids zieht sich fort. Somit wird hier noch mal ein abschließendes Urteil über das Königtum Sauls gesprochen.

Michal sollte aber nicht ganz so schlecht wegkommen, sie war nicht nur »die Böse«. Sie wurde von ihrem Vater als Brautpreis versprochen, dann doch nicht gegeben, dann wieder versprochen. Als seine Frau rettet sie David das Leben. Sie liebt ihn so sehr, dass sie ihn eines Nachts heimlich aus dem Fenster hinablässt, als das

Haus von Sauls Knechten umlagert ist. Das Verhältnis der beiden kühlt sich dann wohl mit der Zeit ab.
Dies ist aber vielleicht auch nachvollziehbar. David schrieb die schönsten Liebeslieder – aber nicht für seine Frau, sondern für Gott. Er tanzte – vor Gott, aber nicht mit seiner Frau. Vielleicht war Michal nicht die eingebildete Königin, sondern die eifersüchtige Frau.

Noch mal zum Tanz: Siegesfeiern sind in Israel ohne Tanz undenkbar. Urbild ist *Mirjam*, die nach der Rettung am Schilfmeer mit Rhythmus und Gesang alle Frauen zum Tanzen animiert (Exodus 15, 20f). Den siegreich heimkehrenden Saul und David ziehen die Israelitinnen »singend und tanzend mit Handpauken, Freudenrufen und Zimbeln« entgegen (1. Sam. 18, 6). »Singen und tanzen« begegnen einem nicht selten als Wortpaar, so als wäre das eine ohne das andere gar nicht gut denkbar. »Mit ganzer Hingabe tanzend und singend« überführt *David* und das ganze Haus Israel die Bundeslade nach Jerusalem (2. Sam. 6, 5). »Vor Jahwe« und »für ihn«, also in kultischem Vollzug, tanzt und hüpft der König während der Prozession.
Israel hat auf den *kultischen Tanz* nicht verzichtet, obwohl die kanaanäische Religion den Tanz praktizierte, so etwa wenn auf dem Karmel die Propheten des Baal bis zur Ekstase um den Altar tanzen und hüpfen (1. Kön. 18, 26). Die Szene vom sprichwörtlichen Tanz um das goldene Kalb (gemeint ist der Stier, Sinnbild der Kraft und Fruchtbarkeit in der Umwelt Israels) lehnt diesen fremden Kult schon am Sinai ab (Exodus 32), nicht aber den religiösen Tanz als solchen. Noch der letzte Psalm fordert zum Lobpreis Gottes in seinem Heiligtum auf: »mit Pauken und Tanz, mit Flöten und Saitenspiel« (Ps. 150, 4). Natürlich weiß die Bibel, dass es »eine Zeit für die Klage und eine Zeit für den Tanz« gibt (Pred. 3, 4). Reigentanz kann in Klage umschlagen (Klgl. 5, 15). Genauso kann aber auch der bedrängte Mensch glücklich sein, wenn er Gott danken darf: »Du hast mein Klagen in Tanzen verwandelt« (Ps. 30, 12).

Puls der Geschichte (ca. 10 Minuten)

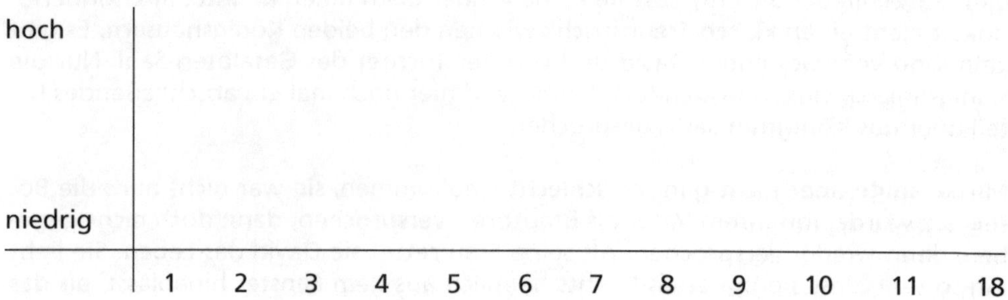

Nach einer Pause, um Kopf und Raum zu lüften, geht es weiter. Jeder nimmt sich zwei Farben, eine für Michal und eine für David. Dann wird der Bibeltext Vers für Vers von jedem Teilnehmer persönlich angeschaut und überlegt, wie hoch die Pulsschläge von David und Michal gewesen sein könnten. Pro Vers wird dazu im Diagramm an entsprechender Stelle ein Kreuzchen gemacht. Am Ende verbindet man die Kreuzchen jeder Farbe zu einer Kurve, so erhält man zwei Pulskurven. Danach setzen sich immer zwei bis drei Personen zusammen und vergleichen ihre Pulskurven. Ganz automatisch wird ein Gespräch entstehen, da jeder eine etwas andere Sicht hat. (Eine ideale Möglichkeit um sich besser in die biblischen Personen und ihre Gefühle hineinzuversetzen und um den Bibeltext ganz intensiv zu studieren.)

Standbild mit Doppeln (ca. 15 Minuten)

Wieder werden neue Kleingruppen mit ca. sechs Personen gebildet. Aufgabe ist, zwei Standbilder zu stellen, einen David und eine Michal. Zwei Teilnehmer werden als freiwillige Statuen zu David bzw. Michal geformt. Als Requisiten liegen Tücher bereit, falls man einen Lendenschurz binden will, Michal ein Kopftuch bekommt o. ä.

Beim »Formen« der Standbilder soll auf die Haltung, Gestik und Mimik geachtet werden. Die Teilnehmer sollen David und Michal nach dem Tanz darstellen.

Außerdem erhalten alle Kleingruppen noch folgenden Auftrag: Sie sollen sich jeweils für ihre beiden Standbilder einen Satz überlegen, den diese Person gerade sagen oder denken könnte. Also einen Satz für David und einen für Michal. Außerdem soll zusätzlich ein Satz formuliert werden, den die Gruppe aus der heutigen Zeit heraus gerne den biblischen Personen David oder Michal sagen würde.

Nach dem »Formen« setzen sich alle hin, außer die »Davids« und »Michals«. Diese werden immer paarweise angeschaut und sagen dann ihren Satz. Danach steht einer aus dieser Gruppe auf und sagt den Satz an die entsprechende biblische Person.
Es ist sehr eindrücklich, wenn den biblischen Personen von damals unsere Stimme verliehen wird, da man sich so auch noch mal ganz anders mit ihnen identifiziert. Außerdem wird durch das laute Ansprechen von biblischen Personen ein »innerer Dialog« mit ihnen eröffnet und ermöglicht.

Gedanken zu 2. Samuel 6, 14 ff (ca. 5-8 Minuten)
Hätte man damals in Jerusalem die Bildzeitung gehabt, hätten dort wohl folgende Schlagzeilen gestanden:
Öffentlicher Skandal! König tanzt halbnackt in den Straßen!
und:
Königin nicht begeistert von den Königstänzen (in England: the Queen is not amused)

Gut, der königliche David war wohl nicht ganz nackt, er trug noch seine Leinenunterwäsche bzw. den leinenen Priesterschurz. So gekleidet sprang er tanzend vor der Bundeslade hin und her. Obwohl er wenigstens ein bisschen was anhatte, war es schon ein Skandal, den er verursachte. Ein halbnackt tanzender König war sicher etwas, was Jerusalem nicht jeden Tag zu sehen bekam.

Und es war sicher etwas, was seine Frau Michal, die Königin, sehr missbilligte.
»Wie kann sich ein Mann in seiner Position nur so benehmen?«, muss sie sich gefragt haben. »Er macht sich vollkommen lächerlich, er steht da wie ein halbverrückter Dummkopf.«
Das Herumspringen und Tanzen in den Straßen ist schließlich definitiv etwas, was nicht zum Rang und Namen eines Königs passt.
Und wenn er es schon tun musste (vielleicht aus religiösem Antrieb oder Übereifer), warum konnte es dann nicht im privaten Umfeld sein? Dort, wo es niemand sehen konnte – vor allem nicht die Sklaven, die gewöhnlichen Leute und »die Presse«.

Die Antwort Davids zu den Beanstandungen seiner Frau waren wahrscheinlich eine sehr klare Antwort. Vielleicht so: »Ich interessiere mich nicht, was du, liebe

Michal, und was andere denken! Ich habe nicht wegen dir oder wegen allen möglichen anderen Leuten getanzt. Aber ich tanze und springe vor Freude, weil ich in Anwesenheit Gottes bin. In der Bundeslade ist Gott unter uns anwesend und das ist Grund genug zu tanzen, das begeistert mich. Gott begeistert mich.
Und wenn jeder denkt, dass ich mich danebenbenehme, dann ist das ganz egal. Wenn du dich für mich schämst, ist mir das auch egal. Ich ziehe es vor, mit dem gewöhnlichen Volk auf der Straße und mit den Sklaven zusammen zu sein, wenn die mit mir zusammen Gott anbeten, als mit Leuten, denen das Interesse an ihrem Rang und Namen und ihrem Bild in der Öffentlichkeit wichtiger ist als alles andere.«

In unserer Kultur heute ist es nicht unbedingt üblich, solche ekstatischen Freudentänze als Gottesanbetung aufzuführen. Vielleicht hat sich da durch die charismatischen Strömungen etwas verändert, aber es ist auf jeden Fall immer noch sehr selten, dass Menschen vor Gott tanzen – höchstens meditative Tänze.
Aber an der Geschichte des Königs David kann man sehen, dass das Tanzen für Gott eine lange Geschichte hat, dass die Anbetung im Tanz nicht erst seit den Charismatikern üblich ist.
Als König David vor der Bundeslade mitten unter den gewöhnlichen Leuten getanzt hat, sogar zusammen mit Sklavenmädchen, hat er jegliche Standesvorschriften gebrochen. Er benahm sich nicht, wie ein Mann in seiner Position sich benehmen sollte.
Jesus war genauso. Es gibt so viele Berichte darüber, wie Jesus genau das tat, was man nicht tun sollte, was sich nicht gehört hat.
Der Umgang mit Aussätzigen, mit Ausgestoßenen, an einem Tisch essen mit Zöllnern und Prostituierten. Er saß mit ihnen zusammen und hat ihnen keine Strafpredigt gehalten, er hat ihre Gesellschaft genossen, mit ihnen gesungen und gelacht.

Jesus tat all die Sachen, von denen viele Leute dachten, es gehört sich nicht. Sie dachten, er würde sich nicht anständig benehmen. Und dies – vielleicht mehr als alles andere – führte schließlich zu Golgatha, führte zu seinem Tod am Kreuz.
Die Auferstehung Jesu ist der Grund, warum die Geschichte des vor Gott tanzenden Königs David für das Leben heute so sehr relevant ist. Weil diese Geschichte nicht nur der Skandalbericht einer königlichen Familie in Israel vor vielen hundert Jahren ist, sondern eine Beschreibung davon, was man hier und heute tun kann. Damit ist nicht unbedingt gemeint, dass man in Unterwäsche herumspringt. Aber damit ist gemeint, dass man sich ruhig ab und zu der Welt auch als leicht verrückt gegenüberstellen darf. Weil durch den Glauben die Werte von dieser Welt verrückt sind. Nicht das eigene Ansehen soll an erster Stelle stehen; das darf ab und zu weg-gerückt werden, damit Gott wieder mehr zum Vorschein kommt. Der Mensch soll immer wieder, wie König David, Ver-rücker werden und auf Gott hin-

weisen, ohne gleich daran zu denken, was wohl die Allgemeinheit dann über ihn redet und denkt. Auch die frommen Menschen im Umfeld von CVJM und Kirche, denn auch da gibt es diverse, unausgesprochene Benimmregeln.
Kurz gesagt, nicht nur so benehmen, wie die »Königinnen Michal« unserer Tage es erwarten.
Es gibt so viele Möglichkeiten, wie man Gott loben kann und dies kann bei jedem ganz anders aussehen.
Bitte nicht falsch verstehen: Das bedeutet nicht, dass ab jetzt alle wie verrückt herumhüpfen sollen. Auch die Anbetung Gottes in der Stille ist richtig. Aber bitte dann aus vollem Herzen und nicht still, weil »man« es tut, weil es die »Königinnen Michal« unserer Zeit es so erwarten.

David hat nicht seiner Frau Michal auf der Nase herumgetanzt – aber er tanzte aus der Reihe, als er etwas tat, was man nicht von einem König erwartet.
Er hat vor dem Herrn getanzt, aus purer Freude an Gott und an seinem Leben, aus Begeisterung an diesem Gott, der ihm die Beine, Füße und Hände dazu gegeben hat.
Der dreieinige Gott hat es David vorgemacht. Er ist immer wieder aus der Reihe getanzt, verhält sich immer wieder anders, als man denkt.
David widmet seinen Tanz dem Gott, der mitreißt und begeistert und wenn Gott es will, reißt David so tanzend auch andere mit und begeistert sie. Genauso wie die Menschen von heute begeistert von dem begeisternden Gott weitertragen können – mit Mund, Händen und Füßen!

Tagebuchzeit (ca. 10 Minuten)
Jeder Teilnehmer erhält zum Abschluss noch einmal Zeit für sein Tagebuch. Wer möchte, kann auch noch seinen »Puls der Geschichte« von David und Michal einkleben.

Impulse für den Tagebucheintrag:
- Was ist bei mir vom Doppeln hängen geblieben? Was wurde mir eindrücklich klar?
- Wie drücke ich meine Begeisterung vor Gott und für Gott aus?
- Wo geniere / schäme ich mich vor »Michals«?
- Wo habe ich meine Begeisterung gebremst / verborgen?
- Wo ist meine Begeisterung schon mal mit mir durchgegangen / voll ausgebrochen?
- allgemein
- Begeisterung für Gott
- Was hilft mir, mich zu begeistern?

Lord of the dance (ca. 5 Minuten)
Zum Abschluss kommt noch einmal die konkrete Umsetzung des Bibeltextes. Es gibt ein Lied, das heißt »Lord of the dance«, bekannt durch die irische Tanzgruppe. Es gibt aber auch das Lied mit einem »frommen« Text (zu finden im Liederbuch Musik Box 1, s. o.). Da geht es um den »Lord of the dance«: Jesus.

Es wird beschrieben, wie der dreieinige Gott mit dem Menschen tanzt. Schon als die Welt geschaffen wurde, tanzte er mit dem Mond und den Sternen, im Himmel und auf der Erde. Schon in den ersten Augenblicken der Schöpfung tanzte der Geist Gottes schwebend über dem Wasser. Ein Tanz, der mit dem schöpfenden Wort Gottes begann. Ein Tanz, den man im Drehen der Sterne beobachten kann, im Reigen der Jahreszeiten, im Drehen der Welt, im Wachsen von allem, was lebt. Mit Jesu Geburt in Bethlehem kam dieser Tanz der Kreation auf die Erde, um in dem Menschen eine neue Kreatur zu schaffen. Es ist ein Tanz der vollkommenen Kreation vor seinem Herrn, ein Tanz der Freude am Sein.
Jesus tanzte in den Sabbat und heilte den Lahmen und viele fromme Leute sagten, es wäre eine Schande. Sie peitschen und demütigten ihn und hängten ihn ans Kreuz, um dort zu sterben. Jesus hing am Kreuz und wir sind gewohnt, ihn dort so hilflos zu sehen, als passives Opfer.

In dem Lied wird dies anders berichtet. Sogar am Kreuz, in der scheinbar ausweglosesten Situation, bei der keine äußerlich sichtbare Bewegung möglich war, blieb Jesus weiterhin aktiv. Am Kreuz tat er den wundervollsten aller tanzenden Schritte – auch wenn es eher schwer fällt, hier von einem Tanz zu reden. Am Kreuz schenkte uns Jesus das Leben. Ein Leben, das weitergeht, das nie enden wird. Es war ein sehr harter Tanz dort am Kreuz. Weil er dort mit dem ganzem Übel, mit allen Fehlern und Irrwegen unseres Lebens auf seinem Rücken tanzte. Am Kreuz siegte Jesus über all diese Lasten. Jesus blieb nicht am Kreuz, er ging durch den Tod und nach drei Tagen begann der Tanz der Auferstehung.

Das Lied will den schweren Kreuzestod Jesu bestimmt nicht zu locker sehen, indem es ihn als Tanz beschreibt. Es war ein schwerer Tanz. Aber eigentlich ist es doch ein schönes Bild, dass Jesus der Herr des Tanzes ist, im Tanz die Schöpfung geschaffen hat, im Tanz den Tod überwunden hat und nun den Menschen einlädt, mit ihm zu tanzen.

Deshalb darf nun jeder zu der Melodie des »Lord of the dance« seinen eigenen Tanz finden, wild oder ruhig, schnell oder langsam oder auch von beidem etwas. Die Teilnehmer sollen sich einfach von der Musik leiten und begeistern lassen und nicht auf die Blicke der anderen um sie her achten. »Tanzt einfach begeistert vor dem Herrn und nicht vor den Michals dieser Welt!«

4. Abend: begeisterter Gottesdienst zu Psalm 23 mit Segnungsteil Psalm 23

Kurzbeschreibung

Ein Gottesdienst zum Psalm 23, in dem die einzelnen Verse mit einzelnen Erlebnissen aus Davids Leben in Verbindung gebracht werden und ein Bogen zum eigenen Leben gezogen wird. Ein Segnungs- und Salbungsteil vertieft das Gehörte und lässt spürbar erfahren, wie Gott sich mir zuwendet.

Zeitumfang

ca. 60-70 Minuten dauern die beschriebenen Gottesdienstelemente – zusätzlich kommen noch die Liedblöcke dazu

Teilnehmeranzahl

8-100 Teilnehmer

Vorbereitung / Material

Für die Teilnehmer einen Stuhlkreis stellen, in den Kreis eine große Spirale aus einem breiten, leicht gedrehten, einfarbigen Stoffband legen, der Spirale entlanggehend immer wieder ein Symbol für einen Vers aus Psalm 23 auf die Spirale legen. Symbole in chronologischer Reihenfolge, wie sie im Psalm vorkommen, hinlegen (bei der Predigt geht man von außen nach innen Stück für Stück den Weg der Spirale entlang und »windet« sich so durch den Psalm, gelangt immer tiefer ins Verstehen von Gottes Herrlichkeit).

Symbole: Hirtenstab, »Kein-Mangel-Rucksack« (knallvoll), grüne Aue (grünes Tuch und Pflanze), frisches Wasser (blaues Tuch mit Wasserschale), Hängematte, finsteres Tal (schwarzes Tuch und Steine), Holzknüppel, gedeckter Tisch mit vollem Becher, Salbölkrug/Karaffe, Gutes und Barmherzigkeit (Schatzkiste, große Kerze und kleine Kerzen in der Anzahl der Segnungsstationen).

Außerdem noch »Ruheplätze« richten, das bedeutet: zwei bis drei Segnungsstationen, die schön gestaltet sind mit Blumen, Schälchen mit Salböl (z.B. Massageöl) und Kärtchen, auf denen Segenssprüche / Bibelverse stehen.

Gottesdienstablauf:

- Lieder
- Votum (s.u.)
- Lieder
- Gebet

- Lieder
- Bilder vorm inneren Auge (s.u.)
- Lied
- Predigt (s.u.)
- Zeit der Stille (s.u.)
- Segnungs- und Salbungsteil (s.u.)
- Tagebuch (s.u.)
- Lieder
- Gebetskärtchenaktion (s.u.)
- Gebet mit Gebetskärtchen
- Segenslied
- Segen

Votum
»Wir beginnen diesen Gottesdienst im Namen Gottes, des Vaters, der David sein Leben lang begleitet und begeistert hat und der auch uns begeistern will.
Wir beginnen diesen Gottesdienst im Namen des Sohnes Jesus Christus, der zum begeisterten Glauben an ihn einlädt und mitten unter uns diesen Gottesdienst mitfeiert.
Und wir beginnen diesen Gottesdienst im Namen des Heiligen Geistes, der uns die Begeisterung am Glauben schenkt und uns helfen will, diese Begeisterung auf ganz unterschiedliche Weise auszudrücken.
Wir beginnen diesen Gottesdienst im Namen des dreieinigen Gottes, der in allen Jugendkreisabenden / auf der Freizeit / … dabei war und der uns helfen will, die Begeisterung, die Anregungen und die Vorsätze mitzunehmen in den Alltag und der jetzt mit uns diesen Gottesdienst feiert.
Amen.«

Bilder vorm inneren Auge (ca. 8 Minuten)
Der Mitarbeiter nennt einzelne Stationen aus dem Leben Davids. Die Teilnehmer sollen sich bei jeder Nennung einer Lebensstation (immer ein bisschen Zeit dafür geben) ein Bild vorm inneren Auge ausmalen. So haben sie danach zwölf »innere Bilder«, die später in der Predigt noch einmal hergeholt und mit dem Symbol und einem Vers aus dem Psalm verbunden werden.

1. Bild: David, der Hirtenjunge, mit seinen Schafen und Ziegen auf der Wiese, in Wassernähe
2. Bild: Freundschaft David und Jonathan
3. Bild: David singt für Gott Psalmen
4. Bild: David auf der Flucht vor Saul, hat Angst, ist in Bedrängnis

5. Bild: David auf der Flucht vor Saul, vertraut Gott, dass er ihm beisteht
6. Bild: David und Goliath vor dem Kampf
7. Bild: David und Goliath nach dem Kampf, David als Sieger
8. Bild: David wird als Hirtenjunge von Samuel zum König gesalbt
9. Bild: David wird zum König über ganz Israel eingesetzt und gesalbt
10. Bild: David wird als König geachtet und verehrt
11. Bild: David betet zu Gott
12. Bild: David tanzt begeistert vor der Bundeslade

Predigt (ca. 20 Minuten)

1. Bild: David, der Hirtenjunge, mit seinen Schafen und Ziegen auf der Wiese, in Wassernähe

»Der Herr ist mein Hirte, mir wird nichts mangeln.
Er weidet mich auf einer grünen Aue und führet mich zum frischen Wasser.«
Symbole: Hirtenstab, blaues Tuch mit Wasserschale und grünes Tuch mit Pflanze

»Der Herr ist mein Hirte, mir wird nichts mangeln.« David wusste, von was er da spricht. Er kannte sich aus, wusste wie wertvoll die Schafe für einen Hirten sind und wie aufopferungs- und liebevoll der Hirte auf seine Schafe Acht gibt.
»Mir wird nichts mangeln, mir fehlt es an nichts.« So also kümmert sich der gute Hirte um seine Schafe. Er kümmert sich um jedes, um die Großen und die Kleinen, um die Schwachen und Starken.
Nun, dieses Bild vom guten Hirten und seinen Schafen sagt ja, dass Gott wie der Hirte ist und die Menschen seine Schafe. Mit Schafen verglichen zu werden ist doch streng genommen kein Kompliment, oder?
Wenn man gesagt bekommt »Du Schaf!«, dann liegt das daran, dass man sich irgendwie blöd angestellt hat. Also mit der Bezeichnung Schaf schwingt so etwas von Dümmlichkeit mit. Aber wie David als Hirte weiß, liegt hier ein Irrtum vor – Schafe sind ganz und gar nicht dumm. Ihren schlechten Ruf haben sie vielmehr davon, dass sie so schlecht sehen können, darum wurden sie oft für dumm gehalten. Schafe können also ihren Hirten nicht sehen, aber fühlen und hören. Sie können sogar sehr gut hören. Das Hören ist bei Schafen das wichtigste Sinnesorgan, sie sind absolut fixiert auf die Stimme ihres Hirten, sie kennen diese Stimme und folgen ihr. Gott selbst also will der gute Hirte sein für sein geliebtes Volk. Mit Jesus Christus als dem guten Hirten für alle Menschen zeigt er, wie sehr er die Menschen liebt. Jesus Christus gab sich aus Liebe zu allen Menschen hin, dass sie ihm als Hirten folgen, sich auf ihn verlassen und ihn lieben sollen.
Jesus Christus ist für uns Christen unser guter Hirte, er ist es, der sagt: »Ich bin der gute Hirte, meine Schafe hören meine Stimme und ich kenne sie und sie folgen mir und ich gebe ihnen das ewige Leben.«

2. und 3. Bild: Freundschaft David und Jonathan + David singt für Gott Psalmen
»Er erquicket meine Seele. Er führet mich auf rechter Straße um seines Namens willen.«
Symbole: Hängematte und »Kein-Mangel-Rucksack«
»Gott erquicket meine Seele«: Er lässt es mir gut gehen, er schenkt mir Gegenüber wie Jonathan, dem David zum Gegenüber und besten Freund wurde. Er rüstet mich mit Mut aus, es mir und anderen gut gehen zu lassen, er schenkt mir einen Lebensraum, in dem ich mich entfalten und wachsen kann.
Und Gott schenkt mir Gaben – auch Gaben, um ihn zu loben. David schenkte er musikalische Fähigkeiten und, wie wir seit gestern wissen, auch tänzerische. Was für Fähigkeiten hast du?
»Gott erquicket meine Seele und gibt mir neue Kraft« – als Bild kann man sich das Ausspannen und gemütliche Liegen in der Hängematte vorstellen, die Seele baumeln lassen, neue Kraft tanken.

Die »rechte Straße« ist wörtlich übersetzt eine »Straße der Gerechtigkeit«, das heißt, eine, die zu einem guten, heilsamen Ziel führt.
»Gott führt mich auf rechter Straße«, aber gehen muss ich selber und er führt mich auch durch Versuch und Irrtum. Und die Holzwege erweisen sich als holzreich und auch als hilfreich, sie gehören wohl dazu, um neue Erkenntnisse zu gewinnen und zu lernen. Und wie oft sträuben wir uns, den richtigen Weg zu gehen?

4. Bild: David auf der Flucht vor Saul, David hat Angst, ist in Bedrängnis
»Und ob ich schon wanderte im finsteren Tal, fürchte ich kein Unglück.«
Symbol: dunkles Tuch und Steine
Wahrscheinlich kann jeder dieses finstere Tal nachvollziehen. Jeder hat schon gute und schlechte Zeiten erlebt. Wenn etwas Schlimmes passiert, steht das »Warum?« groß in der Luft, wir möchten es Gott anklagend zuschreien. Wie schwer fällt es uns in solchen Zeiten, mit Gott zu reden. Da hilft es, einfach mit den Worten von David zu beten, der auch die schlimmen Zeiten kennt und immer wieder erfahren durfte, dass Gott einen auch in diesen Zeiten begleitet hat.

5. Bild: David auf der Flucht vor Saul, er vertraut Gott, dass er ihm beisteht
»Denn du bist bei mir, dein Stecken und Stab trösten mich.«
Symbol: Holzknüppel
David war in Bedrängnis, auf der Flucht vor Saul. Aber er wusste: Gott ist mit ihm unterwegs, er flieht mit ihm, er beschützt und tröstet ihn. Ein Beispiel ist das Erlebnis in der Höhle oder die Flucht, bei der Sauls eigene Tochter mitgeholfen hat.

Habt ihr schon mal überlegt, was das heißt: Dein Stecken und Stab trösten mich? Wie kann denn ein Stecken oder ein Stab trösten? Mit dem Stecken und Stab hat

es Folgendes auf sich: Ein Hirte hatte früher immer zwei Arten von Stecken dabei. Einmal einen Knüppel, mit dem er die wilden Tiere geschlagen hat, wenn sie die Herde angriffen. Und er hatte einen anderen Stecken dabei, der eine Astgabel hatte. Mit Hilfe von diesem Stecken holt er ein Schaf auf den Weg zurück. Er tut das, indem er nach einem Bein des Schafes mit der Astgabel greift und so das Schaf mit dem meist langen Stecken zurückholt. Dieser lange Stecken kann auch die Besonderheit haben, dass er oben gebogen ist – diesen Stab haben wir im Kopf, wenn wir an den so genannten Hirtenstab denken.
Wenn es also heißt, »dein Stecken und Stab trösten mich«, dann drückt der Psalmist damit aus: Mein Hirte verteidigt mich, wenn andere über mich herfallen und er holt mich zurück, wenn ich vom Weg abkomme. Er hilft mir zurück, wenn ich abrutsche, er macht sich mit diesem Stecken auf die Suche nach dem Verlorenen und Verirrten.

Auch der große David, der Gesalbte, der von Gott auserwählte König, der Goliathbezwinger und Psalmdichter – auch er ist nicht nur einmal vom Weg abgekommen. Am bekanntesten ist wohl die Batseba-Geschichte. Gott lässt ihn aber nicht ins Abseits laufen, sondern er begleitet ihn, holt ihn mit seinem Hirtenstab wieder zurück. Wie tröstlich, dass die große Figur David auch Schwächen hatte und Gott auch da Geduld zeigte – denn das haben auch wir nötig! Welch ein Trost, dass Gott uns trösten will, welch ein Trost, dass Gott mit der Keule dasteht und auf uns aufpasst und welch ein Trost, dass er mich nicht in die Irre laufen lässt, sondern mich mit seinem Hirtenstab sanft wieder auf den richtigen Weg zurückholt.

6. und 7. Bild: David und Goliath vor dem Kampf + David und Goliath nach dem Kampf, David als Sieger
»Du bereitest vor mir einen Tisch im Angesicht meiner Feinde.«
Symbol: gedeckter Tisch mit vollem Becher

»Du bereitest vor mir einen Tisch im Angesicht meiner Feinde.« David sah auch den Feind vor sich. Einen ziemlich großen sogar, der wie ein übermächtiger Berg erschien. David muss wohl auch gespürt und gewusst haben: »Gott ist mit dabei, mit ihm werde ich diesen übermächtigen Riesen besiegen. Er richtet schon das Festmahl.«
Jeder kennt bestimmt auch solche Berge, die sich vor mir auftürmen und wo ich mir wie der kleine David vorkomme. Mittlerweile haben sogar ganz hohe Herren dieses »David-Prinzip« entdeckt und ein Buch darüber geschrieben. In dem Buch »Das David-Prinzip« schreibt Wendelin Wiedeking aus Zuffenhausen über sein erfolgreiches Unternehmen Porsche. Er habe auch ganz klein angefangen, noch als Student. Berühmte andere Leute haben mitgeschrieben, so z.B. Gerhard Schröder, Steffi Graf, Martin Walser, Lothar Späth, Rezzo Schlauch.

Das »David-Prinzip« wünschen wir uns auch. Klappt manchmal mehr und manchmal weniger. Aber es geht nicht darum, dass wir immer so erfolgreich in der Geschäftswelt sind, sondern dass wir die »Riesen« in unserem Leben angehen und besiegen, weil wir von Gottes Begleitung wissen. Und es geht darum, dass er schon den Tisch für uns gedeckt hat, uns einlädt, es gut mit uns meint. Er will uns verwöhnen und ist ein liebevoller Gastgeber. Manchmal sind die Feinde noch ganz nah, »im Angesicht meiner Feinde«. Trotzdem darf ich die Ruhe haben und mich bei Gott niederlassen, ich muss nicht in hektische Betriebsamkeit ausarten und Gott dabei ausklammern.

8. und 9. Bild: David wird als Hirtenjunge von Samuel zum König gesalbt + David wird zum König über ganz Israel eingesetzt und gesalbt
»Du salbest mein Haupt mit Öl und schenkest mir voll ein.«
Symbol: Salböl / Karaffe

David erfährt, wie gut es Gott mit ihm meint. Er lässt ihn, den einfachen Hirtenjungen, zum König salben.

Der Hirte bereitet dem Schaf einen Tisch im Angesicht seiner Feinde, er salbt sein Haupt mit Öl und schenkt ihm voll ein. Hier wird beschrieben, wie gut der Hirte sich kümmert: ringsum wilde Tiere im Wald und auf dem Feld, aber die grüne Wiese mittendrin, auf der sich die Herde stärken kann.
Es ist bis heute noch in Israel bei den Hirten üblich, dass sie abends, wenn die Schafe in den Stall wollen, den Kopf der Schafe von Dornen und Stacheln befreien, die im Laufe des Tages eingedrungen sind. Sie verschließen die Wunde mit etwas Öl und salben folglich das Haupt. Damit das Tier aber in dieser Zeit still hält, schöpft der Hirte frisches, kühles Wasser und der Durst des Schafes wird dabei sehr gut gestillt.

So ist es bei den Schafen. Bei den Menschen ist das Salben des Hauptes mit Öl auch eine ganz besondere Geste. Im biblischen Zusammenhang hat sie insbesondere in dem Zuspruch des Königsamtes ihren Platz, so z.B. beim jungen David. Einige Tropfen kostbares Öl benetzen den Menschen da, wo er Gott am nächsten ist: am Haupt, am Kopf. Da, wo – wir wissen es heute – sein wichtiges Organ sitzt, sein Gehirn.

Und dann der Becher – er wird voll gefüllt. Und zwar nicht nur bis zur Markierung, sondern noch weiter. Es ist ein überfließender Becher, randvoll und dann noch mehr. Stellen wir uns einen Tonbecher vor – er ist, auch wenn er groß sein sollte, immer so klein, dass er die Fülle nicht fassen kann. Doch der ihn füllt, spart nicht, er lässt fließen. Von einem Schweizer gibt es die Übersetzung: »Er schenket mir

schwibbeli-schwabbeli voll ein«. Was ist das für ein schönes Bild vom Überschwappen! Gott spart nicht an uns. Wer den Becher hält, in den Gott einschenkt, bekommt nicht nur nasse Finger, er bekommt einen Eindruck vom Überfluss, der im Glauben liegt. Es ist immer viel mehr Glaube, als wir wissen.
Wir sehen immer gerne den leeren Becher. Zu wenig Geld, zu wenig Mitarbeiter, zu wenig Engagement, zu wenig … Ich muss manchmal sehen und den Becher wahrnehmen lernen, der überfließen will.

10. Bild: David wird als König geachtet und verehrt
»Gutes und Barmherzigkeit werden mir folgen mein Leben lang.«
Symbol: Schatzkiste für Gutes und Barmherzigkeit

David wurde als König geachtet und verehrt. Trotz mancher Aktionen von ihm, die nicht in Ordnung waren, trotz mancher Erlebnisse, die er verkraften musste, wendet sich Gott nicht von David ab. Er bleibt ihm treu und begleitet ihn. Immer wieder schenkt er ihm den Becher voll ein, lässt ihm Gutes zukommen.
David hat Gottes Segen erfahren und er soll auch ein Segen sein für andere. Für sein Volk, über das er als König von Gott eingesetzt wurde. Auch wir erfahren von Gott Gutes und Barmherzigkeit, erfahren seinen Segen und sollen diesen Segen auch weitergeben und Gott dafür danken.

11. und 12. Bild: David betet zu Gott + David tanzt begeistert vor der Bundeslade
»… und ich werde bleiben im Hause des Herrn immerdar.«
Symbol: große Kerze und kleine Kerzen in der Anzahl der Segnungsstationen

David hat es begriffen: »Bei Gott geht es mir gut, Gott ist meine Zuflucht in schwierigen Zeiten, Gott ist meine Freude in guten Zeiten.« Deshalb kann er nicht anders, als zu Gott zu beten, als ihm Psalmen zu schreiben und zu singen, als vor ihm begeistert und ausgelassen zu tanzen.
Es ist wie bei den Schafen, die am Abend von der Weide geholt werden. Der Hirte versorgt sie, gibt ihnen Wasser, versorgt ihre Wunden und salbt sie mit Öl. Und dann kommen sie in den sicheren Pferch, in den wärmenden Stall, hier finden sie Ruhe und Geborgenheit, wie auch wir bei Gott Ruhe und Geborgenheit finden.

Zusammenfassung:
Psalm 23 gibt uns eine Innenansicht vom Glauben. Wie durch einen mit Glasfenstern versehenen Raum gehen wir.
Es treten Bilder vor Augen, die Gott als Hirten zeigen.
Es tritt eine Vorstellung vor Augen, die Gott als Gastgeber zeigt.
Not wird sichtbar, Trauer, gelindertes Leid.

Doch in der Mitte sehen wir, was von Gott selbst gezeigt wird. Es ist sein Wollen und sein Tun in hoher Verdichtung, das tritt hervor.
»Weiden«, »führen«, »erquicken«, »trösten«, »einen Tisch bereiten«, »salben« und dann »voll einschenken«. Wer möchte diese Innenansicht des Glaubens nicht für immer festhalten, sehen und hören, wie Gott es wirklich mit uns meint.

Wer etwas von Gott wissen will, der muss sich den Psalm 23 genauer anschauen, sich ein Bild vorstellen von diesem Psalm. Minimalismus hat in der Innenansicht von Psalm 23 wenig Platz. Tiefe Farben und dann auch die klaren Aktionen, die von Gott ausgehen.

Nichts wird mir mangeln.
Er *weidet* mich auf einer grünen Aue, da gibt es nur saftiges Gras (ist vor allem interessant in Israel, wer mal dort war, weiß, wie kostbar Wasser und saftiges Grün sind).
Er *führt* mich (lässt mich nicht alleine suchen, nimmt mich an der Hand) zum *frischen* Wasser, nicht nur zu irgendeinem Wasser, sondern zu klarem, kühlen, sprudligem (wer sich schlimmen Durst vorstellt, bekommt eine Ahnung von dem wertvollen, herrlichen, *frischen* Wasser).
Er *erquicket* meine Seele, gibt mir neue Kraft – als Bild kann man sich das Ausspannen und gemütliche Liegen in der Hängematte vorstellen, die Seele baumeln lassen, neue Kraft tanken.
Er *führet* mich, nimmt mich an der Hand.
Er *ist bei mir.*
Er *tröstet* mich (als Bild ein weinendes Kind, das sich in die schützenden und tröstenden Arme der Mutter schmiegen kann und alles wird gut).
Er *deckt* den *Tisch* für mich, übervoll, lädt mich ein.

Was für ein Gott!!
Dies durfte David erfahren und dies darf auch ich erfahren!

Zeit der Stille (ca. 5 Minuten)

Es folgt eine Zeit der Stille, in der jeder noch einmal über die Worte nachdenken kann und als Hilfe die »Psalm-23-Spirale« mit den Symbolen vor sich hat. Außerdem kann jeder überlegen, wo er gerade steht – beim erfrischenden Wasser, Hängematte und gedeckten Tisch oder eher im finsteren Tal. Die Teilnehmer können überlegen, welche Situation sie gerade beschäftigt und wie sie im Moment vor Gott stehen.
Es schließt sich ein stilles Gebet an, um alles vor Gott zu bringen, was jeden persönlich belastet, was ihn freut, was ihn umtreibt.

Segnungs- und Salbungsteil (ca. 10 Minuten)

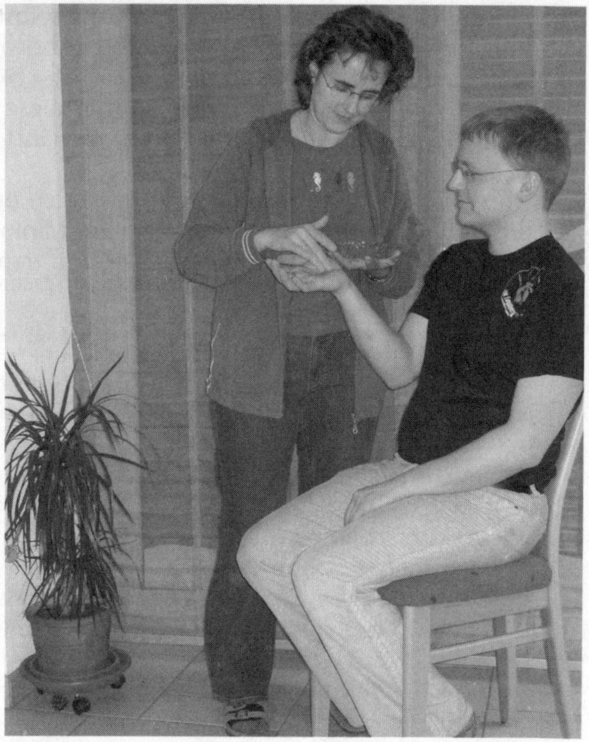

Um die Teilnehmer in das Thema Salbung einzuführen, wird kurz etwas zum Thema »Salben und Segnen« gesagt.
Danach salbt der Mitarbeiter, der die Predigt gehalten hat, die anderen Mitarbeiter, die nachher an einer Segensstation / an einem Ruheplatz stehen. So können diese Gesegneten den Segen weitergeben und geben nicht nur, sondern empfangen zuvor auch. Außerdem sehen die Teilnehmer, wie das Salben abläuft und verlieren die Scheu davor. Nach diesem Salbungsteil gehen die Mitarbeiter an ihre Segensstationen und nehmen eine der Kerzen mit, die in der Mitte der Spirale stehen. Anschließend werden Lieder gesungen. In dieser Zeit kann jeder, der möchte, zu einer der Salbungs- und Segnungsstationen gehen. Dort steht jeweils ein Mitarbeiter, der einen Tropfen Salböl in die Hand des Teilnehmers tupft und diesen langsam und kreisförmig verreibt und am Ende ein Kreuzzeichen in die Handfläche zeichnet. Dadurch wird die Handinnenfläche warm und der Duft entfaltet sich, die Berührung wird spürbar. Im Anschluss daran erhält der Teilnehmer einen Segen zugesprochen und ein Kärtchen, auf dem dieser Segen noch einmal notiert ist, um ihn mit in den Alltag zu nehmen. Alle Mitarbeiter bleiben an ihrem Ruheplatz sitzen, bis an keiner Station mehr ein Gast ist; dann nehmen sie ihre Kerzen und tragen sie wieder in die Mitte, setzen sich dann hin. Der Gottesdienstablauf geht weiter.

Kurze Einführungsworte zum Salben und Segnen

Offenbar gehören Zeichenhandlungen, durch die etwas von Gottes Größe und Gegenwart sichtbar wird, tief zu unserem menschlichen Wesen. Gott als unser Schöpfer muss dies gewusst haben.

Wie sonst könnte es kommen, dass die Bibel voll ist von Zeichen und Handlungen, die Gott der Menschheit und einzelnen Menschen gegeben hat, um ihnen seine Nähe, Fürsorge und Gegenwart sichtbar zu machen.
Zu diesen Zeichenhandlungen gehört auch die Salbung. Dabei ist nicht die Handlung das Wichtigste, sondern Gott, der Geber dieser Handlung, der dreieinige Gott.
An mehreren Stellen wird berichtet, wie Menschen in besonderen Situationen gesalbt wurden. Der Psalm 23 nimmt die Salbung auf (du salbst mein Haupt mit Öl) und auch Jesus ließ sich in Bethanien vor seinem schweren Gang ans Kreuz salben. Die Erfahrung zeigt, dass Menschen tief berührt sind, wenn sie gesalbt werden – da gibt es etwas zu spüren und zu riechen von Gottes Wohltaten.

»Riech hin« ist die Aufforderung an uns. Riech hin und spüre, wie gut es Gott mit dir meint. Spüre in der Berührung des Menschen, der dich salbt, die zärtliche Berührung von Gott selber. Im Element des Salböls wird Gottes Nähe spürbar.
Riech hin und erschnuppere den herrlichen Duft von Gottes Größe und seinem Reich.
Begreife und erfahre, wie Gott sich dir persönlich zuwendet.

Es ist jeder eingeladen, der sich salben und segnen lassen möchte, an die Ruheplätze zu kommen, die die Bilder des Psalm 23 noch einmal aufnehmen. Der gedeckte Tisch, die saftigen, grünen Auen, das Salböl, Gottes Barmherzigkeit.
Eingeladen ist jeder, wer Leiden trägt und wer glücklich ist. Wer Gott gerade ganz nahe oder auch fern ist.
Ein Mitarbeiter oder eine Mitarbeiterin wird da sein, den Segen Gottes zusprechen und die Hand salben.
Wem der Segen zugesprochen ist, wer in den Händen gesalbt worden ist, der stellt dem oder der Nächsten seinen Platz zur Verfügung. Man kann einfach schauen, an welcher Salbungsstation gerade Platz ist. Der Segen Gottes ist unabhängig von den Personen, die ihn zusprechen, man darf zu jedem gehen.
Wer nicht teilnehmen möchte, der kann beten – still oder im gemeinsamen Gesang. Jeder soll sich dessen gewiss sein, dass wir hier nichts tun können, außer es wird von Gott geschenkt.

Tagebuchzeit (ca. 8 Minuten)
Jeder Teilnehmer soll sich vorstellen, dass Gott jetzt einen Brief an ihn schreibt – was würde er wohl jedem Einzelnen schreiben?
Die Teilnehmer sollen noch einmal ihr Tagebuch zur Hand nehmen und einen Brief von Gott an sich selbst schreiben: »Liebe/r xy, du erlebst gerade… Ich möchte dir sagen…«

Gebetskärtchenaktion (ca. 10 Minuten)

Jeder erhält ein Kärtchen und kann darauf einen Dank und / oder eine Bitte / Fürbitte schreiben. Die Kärtchen werden in einem Körbchen eingesammelt, das in die Mitte der Spirale gestellt wird. Zwei oder drei Mitarbeiter ziehen jeweils einige Kärtchen und binden sie in ein Gebet mit ein; geendet wird mit dem gemeinsamen Vaterunser.

Den Teilnehmern wird erklärt, dass Gott alle ihre Anliegen sieht, hört und kennt, auch die, die nicht vorgelesen wurden und symbolisch bei der Kerze stehen.

Diese Gebetsform ist sehr persönlich, weil nicht »großflächig« und »allgemein« gebetet wird, sondern ganz konkrete Anliegen der Teilnehmer zur Sprache kommen.

IN CHRISTUS LIEGEN VERBORGEN ALLE SCHÄTZE DER WEISHEIT UND DER ERKENNTNIS

Kolosser 2, 3

Kurzbeschreibung

Was liegt denn hinter den Worten »Weisheit« und »Erkenntnis«? Wie kann man diesen Bibelvers verstehen, der sogar 2001 schon einmal Jahreslosung war? Man könnte sich kognitiv mit dem Vers beschäftigen, Erklärungen nachschlagen, strukturiert vorgehen und versuchen, die Bedeutung zu verstehen. Oder man nähert sich spielerisch, »erspielt« sich die Bedeutung und die tiefer liegenden Schichten, versteht nicht nur mit dem Kopf, sondern durch persönliches Erleben und Nachempfinden. In vier aufeinander aufbauenden Einheiten wird der Text erschlossen. Der Aufbau ist auch gut für eine Wochenendfreizeit oder eine längere Freizeit geeignet. Wer möchte, kann natürlich auch einzelne Einheiten herausnehmen.

1. Abend: Brettspiel »Markt der Möglichkeiten« Grundlage: Situation im Kolosserbrief

Kurzbeschreibung

Ein Brettspiel zu dem Bibelvers »In Christus liegen verborgen alle Schätze der Weisheit und der Erkenntnis« (Kol. 2, 3). Vor allem geeignet, um die damalige Zeit der Kolosser ein bisschen kennen und verstehen zu lernen sowie ihren Glauben und ihr Umfeld. Außerdem kann das Spiel zu einem ersten Schritt verhelfen, das Anliegen von Paulus, das er mit diesem Brief und diesem Satz hatte, besser zu verstehen.
In dem Spiel werden folgende Themen behandelt: Gemeindesituation in Kolossä / (Gemeinde)Situation heute / Wer ist Christus? / Was ist Christus für mich?
Zeitumfang
variiert je nach Gruppengröße und Motivation der Spieler, ca. 60 Minuten

Teilnehmeranzahl
8-80, gespielt wird jeweils in Kleingruppen; jede Kleingruppe hat einen Spielplan für sich; die erarbeiteten Aufgaben der Spielkärtchen kommen auf große Plakate an der Wand; dort landen alle Ergebnisse der Gruppen an einem zentralen Platz
Material
Stifte, Papier, Schatzkiste für die Tagebücher, Spielpläne, Spielkärtchen (siehe Anhang), Spielfiguren, Würfel, Wandplakate, Eddingstifte oder Wachsmalfarben, Tagebücher
Spielplan: Markt mit Feldern, auf Ereignisfeldern Kärtchen ziehen
Wandplakate beschriftet mit:

- ➡ Gemeinde damals / Kolossä
- ➡ XY (eigene Stadt eintragen) heute
- ➡ Paulus (mit leerem Briefbogen und Schreibfeder in der Hand)
- ➡ Wer ist Christus?

***Spielregeln**:*

Jeder Spieler bekommt zwei Spielfiguren (gleiche Farbe), bei größeren Gruppen bekommen immer zwei Personen zusammen die zwei Spielfiguren. Die eine Spielfigur läuft auf dem Rundlauf des »Markts der Möglichkeiten«, die andere Spielfigur läuft auf dem »Aufgabentreppchen«. Das zusammengerechnet jüngste Spielerpaar bzw. der jüngste Spieler beginnt. Es wird im Uhrzeigersinn gewürfelt und auf dem Rundlauf des »Markts der Möglichkeiten« um die entsprechende Augenzahl nach vorne gezogen. Immer wenn man auf ein Ereignisfeld kommt, ist ein Kärtchen zu ziehen und die Aufgabe laut vorzulesen und zu erfüllen. Ist die Aufgabe erfüllt, darf man mit seiner anderen Spielfigur auf dem »Aufgabentreppchen« eine Stufe höher steigen. Sieger ist, wer zuerst das Aufgabentreppchen erklommen hat.
Da die Aufgaben manchmal etwas länger dauern (z.B. etwas in der Bibel nachschlagen und dann etwas aufschreiben), dürfen die anderen Spieler schon weiterspielen. Das Ergebnis muss immer der ganzen Gruppe vorgetragen werden, erst

dann kann man wieder weiterspielen (dies ist eine wichtige Regel, weil sonst jeder nur nach seinen Aufgaben schaut – Sinn des Spiels ist aber, dass alle ihren Wissensstand zu Paulus, der Gemeinde Kolossä etc. erweitern und alles mitbekommen).

Ablauf

Brettspiel (ca. 60 Minuten)
Die Teilnehmer finden sich in Kleingruppen zusammen und setzen sich an die Brettspieltische. Der Mitarbeiter erklärt die Spielregeln, anschließend spielt jede Gruppe eigenständig für sich. Als gemeinsames Element entsteht an der Wand eine Sammlung der Spielergebnisse, die in den folgenden Tagen auch eingesehen werden kann.

Gedanken nach dem Spiel (ca. 8 Minuten)

Brave Gemeinde
Eigentlich war mit der christlichen Gemeinde alles in Ordnung. Man konnte nicht gerade behaupten, dass die Menschen unreligiös waren. Nein, sie glaubten, sie beteten, sie trafen sich als Gemeinde. Ziemlich sicher war mehr Leben in dieser Gemeinde als in manch einer Gemeinde der heutigen Zeit. Um welche Gemeinde es geht? Klar, um Kolossä. Kolossä war eine kleine Stadt im Lykostal, etwa 150 km östlich von Ephesus, in der Nähe des heutigen Denizli. Sie gehörte zur römischen Provinz Asia minor, im Süden der kleinasiatischen Landschaft Phrygien und lag an einer wichtigen Handels- und Heerstraße. Auch in den reicheren Nachbarstädten Laodicea (Kol. 4, 15ff) und Hierapolis (Kol. 4, 13) gab es christliche Gemeinden.
Diese drei christlichen Gemeinden wurden nicht von Paulus selbst gegründet und auch nicht von ihm besucht (Kol. 2, 1). Paulus war bei seinen Reisen durch Phrygien nicht in diesem Tal. Aber er ist indirekt der geistliche Vater dieser Gemeinden, da sie wahrscheinlich von einem Schüler und Mitarbeiter von ihm, Epaphras (Kol. 1, 7 und 4, 12f), gegründet wurden.

Brave Gemeinde: Paulus war anscheinend zufrieden. Im Briefeingang des Kolosserbriefes grüßt er die Gemeinde in Kolossä und schreibt auch von ihrem Glauben (Kol. 1, 3ff).

Der Briefeschreiber Paulus

Paulus schreibt an die Gemeinde in Kolossä. Er ist ein eifriger Briefeschreiber. Schließlich kann man in der Bibel so manche Briefe von ihm finden. Allerdings meistens an Gemeinden, in denen er einmal oder sogar mehrmals war. Macht ja auch Sinn. Hier hat er persönlich die Leute gekannt, die Lebensumstände kennen ge-

lernt, eine Weile mit der Gemeinde gelebt, Kontakte geknüpft, von Jesus erzählt, gelehrt und Fragen beantwortet. Diesen Leuten in diesen Gemeinden zu schreiben macht Sinn, es gibt einen persönlichen Kontakt, sie liegen Paulus am Herzen, er will den Kontakt halten und ihnen auch über die Entfernung Ratschläge, Tipps, Dankesworte und Grüße zukommen lassen.
Warum schreibt Paulus aber einer Gemeinde, die er gar nicht persönlich kennt? Wo er nie war? Nun, auch sie liegt ihm am Herzen. Wenn es ihm möglich gewesen wäre, wäre er wahrscheinlich hingereist. Doch dies ist schlecht möglich, wenn man sich in Gefangenschaft befindet. Paulus war zu der Zeit, als er den Brief schrieb, im Gefängnis (Kol. 4, 3).
Warum aber schreibt er gerade dieser fremden Gemeinde? Irgendetwas muss ihm doch an dieser unbekannten Gemeinde – die auf den ersten Blick wie eine »brave Gemeinde« wirkt – dran sein, dass Paulus ihnen aus dem Gefängnis schreibt und so Kontakt mit ihnen aufnimmt.

Die Situation in Kolossä
In Kolossä war das Problem des Synkretismus aufgetreten, der Vermischung des Christentums mit Vorstellungen der Philosophie und anderen Religionen – wie es auch heute noch immer wieder vorkommt.
Die Gemeinde setzte sich aus Juden, Griechen und alteingesessenen Phrygiern zusammen. Jede Gruppe wollte ihr Gedankengut ins Christentum miteinbringen, was zunächst sehr harmlos und verständlich erscheint.
Paulus hat davon erfahren und er macht sich Gedanken und Sorgen. Er weiß, dass dadurch die Grundlagen des Christentums gefährdet werden können.
Die Judenchristen wollten die Beschneidung, ihre Speisegebote und Festtage beibehalten (Kol. 2, 11 + 16). Paulus erkannte aber, dass sie damit die Rechtfertigung allein aus Glauben in Frage stellten. Als weitere Irrlehre erkannte er die Verehrung der Engel. Die Verehrung der Engel als Vermittler war ein Angriff auf die Überlegenheit und Allmacht von Jesus Christus (Kol. 2, 18). Ebenso warnte er vor der Einführung eines besonderen Asketentums, bestimmter Speisevorschriften, bestimmter Festtage etc. Die Einführung eines besonderen Asketentums und überspannter Spekulationen überließ den Menschen wieder sich selbst und seiner Weisheit (Kol. 2, 18-23). Paulus wollte in seinem Brief deutlich machen, dass sich die Menschen nicht an bestimmte Speisevorschriften halten sollten, um damit zu denken, so könnten sie es selbst schaffen, das Heil zu erlangen. Die Kolosser mussten sich angesichts dieser Lehren neu auf Jesus Christus besinnen, der der Einzige und auch der ausreichende Weg zur Errettung ist.

Die Situation heute
Alles logisch, so erscheint uns dieser Brief. Eine an sich brave Gemeinde kommt durch äußere Einflüsse ins Schwanken, jeder will noch etwas von seiner Kultur und

seinen Ansichten zum christlichen Glauben beitragen. Paulus bekommt davon Wind und schreibt ihnen, macht ihnen klar, was sie da tun, zeigt ihnen auf, dass allein der Glaube an Jesus Christus reicht und nicht durch zusätzliche Vorschriften ergänzt werden muss und auch nicht ergänzt werden soll.
Aber was hat denn das mit uns heute zu tun? Wir sind doch heute aufgeklärt, haben zahlreiche Bibelkommentare, mehr Wissen als die Menschen damals, als das Christentum noch ganz in den Anfängen steckte, solche Fehler wie damals können doch heute nicht mehr vorkommen, oder?

Wenn man sich heute umschaut, muss man das Gegenteil sagen. Sind die Menschen heute nicht genau in derselben Gefahr wie die Menschen damals? Haben die Menschen heute alles begriffen? Wenn Christen sich ein persönliches Horoskop erstellen lassen, wenn man Aussagen hört, dass doch in allen Religionen Gott enthalten ist und darum auch die christliche Botschaft vermischt werden kann mit östlichen Religionen. Wenn heutzutage immer wieder vermittelt wird, dass jeder in sich selbst das Heil und die Kraft zum gelingenden Leben findet, dass jeder den göttlichen Funken in sich selber trägt. Esoterisches Wissen hat Hochkonjunktur. Wie soll man heute noch die Unterscheidung merken? Wenn in Buchkatalogen oder Buchhandlungen unter dem Titel »christlicher Glaube« Bibel und Esoterikbücher in einem Atemzug genannt und ausgestellt werden?
Sind die Menschen heute tatsächlich so sehr entfernt von den Gefahren damals? Dass sie vergessen, wer die wirkliche und alleinige Mitte ist? Dass sie nicht mehr klar unterscheiden zwischen dem, was christliche Lehre und was falsche Lehre ist? Man muss hier klar unterscheiden. Es geht nicht um eine Verteuflung anderer Religionen und Kulturen. Man soll auch die anderen respektieren und ihnen mit Jesu Nächstenliebe begegnen. Aber man sollte auch warnen vor einer Vermischung und vor einer Verwischung von Inhalten.
Also: der Brief damals ist absolut nicht veraltet, sondern auch heute noch hochaktuell!

Wo liegt der Schatz?
Nach der heutigen, neumodischen, esoterischen Literatur (die gar nicht so neu ist, denn auch schon zu Paulus Zeiten ging es um Selbstfindung, eigene Kräfte, etc.) liegt der große Schatz im Menschen selbst. Der Mensch kann in sich selbst nach seinem guten Kern suchen, er kann die verborgenen und verschütteten eigenen Kräfte in sich selbst finden und mit den richtigen Mitteln und den richtigen Übungen zur vollen Entfaltung bringen. Der Mensch kann zum Einklang mit sich selbst, mit der Menschheit, mit dem Übernatürlichen oder auch mit der Natur kommen. Der Mensch mit dem Schatz in sich selbst, den es nur mit richtiger Anleitung zu heben gilt.

Im Kolosserbrief geht es um einen anderen Schatz. Paulus warnt vor solch hochtrabenden und eingebildeten Gedanken, dass jeder den Schatz in sich selbst findet. Alle Schätze der Weisheit und Erkenntnis liegen allein in Christus (Kol. 2, 3). Vorsicht! Dies bedeutet keinesfalls, dass der Mensch wertlos ist. Dies bedeutet keinesfalls, dass Gott nicht haufenweise Schätze im Menschen angelegt hat, die es zu heben gilt, unzählige Begabungen und Möglichkeiten. Aber nicht die Schätze der Weisheit und der Erkenntnis.
»In Christus liegen verborgen alle Schätze der Weisheit und der Erkenntnis.«
Nur in Jesus Christus ist alles enthalten, um uns mit Gott zu versöhnen, um ewiges Heil und die Seligkeit zu finden.

Vertiefung durch Tagebucheintrag (ca. 10 Minuten)
Am Ende der Spielphase wird den Teilnehmern noch eine Möglichkeit zur Vertiefung angeboten. Die Methode »Tagebuch« wird eingeführt und jeder Teilnehmer bekommt die Möglichkeit, einen »angeleiteten Tagebucheintrag« aufzuschreiben. Dazu erhält jeder Teilnehmer ein DIN A5-Schulheft, das schön beklebt wurde (z.B. mit Geschenkpapier). Auf der vorderen Umschlagseite prangt eine große Schatzkiste, in die man den eigenen Namen schreiben kann. Der Mitarbeiter erklärt, dass dieses Tagebuch eine Schatzkiste von jedem Einzelnen werden soll, eine Schatzkiste von eigenen Gedanken, wertvollen Anregungen, Vorsätzen, Erkenntnissen, Fragen, etc. Das Tagebuch bleibt etwas Persönliches, keiner wird daraus vorlesen und keiner liest das Geschriebene der anderen. Deshalb kann man hier ganz und gar ehrlich sein und alles, was man denkt und wie man sich fühlt, eintragen. Für das Tagebuchschreiben werden immer Impulse gegeben und mit der Zeit werden sich Schätze sammeln, die man immer wieder hervorholen und lesen kann. Ein besonderer Schatz wäre es

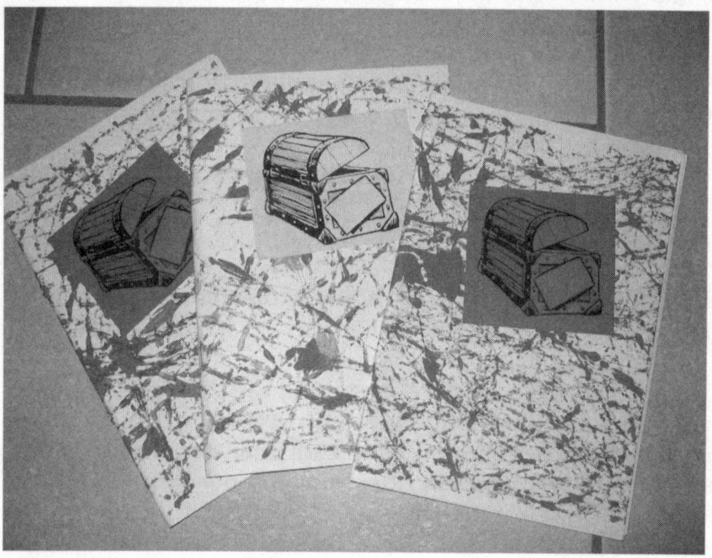

natürlich, wenn man auch zu Hause das Schatzkistentagebuch weiterführt, vielleicht mit Gedanken zur Predigt im Gottesdienst, zu einem Jugend- oder Hauskreisabend, etc. oder wenn das Tagebuch bei den gemeinsamen Gruppentreffen immer wieder einbezogen wird.
Die Tagebücher kommen alle in eine Schatzkiste (am besten eine Kiste, die man tatsächlich verschließen kann) und es wird versprochen, dass keiner die Tagebucheinträge liest. Wer will, kann das Tagebuch auch mit nach Hause nehmen und es nächstes Mal wieder mitbringen.

Impuls für den Tagebuchaufschrieb

- »Paulus schreibt einen Brief an mich (evtl. auch mit Aufruf an meine Gemeinde / meine Stadt – aber vor allem an mich, deshalb ehrlich und persönlich schreiben, als wenn er mich kennen würde, von mir gehört hätte). Wo will er mich aufrütteln und zwar gut gemeint, ohne Zeigefinger, sondern in Freundschaft.«

Kopiervorlage für Spielkärtchen

1. Besorgt eine Bibel!	2. Lest Kol. 1, 1: Wer schreibt den Kolosserbrief? Holt beim Spielleiter Stift und Papier und schreibt auf: Briefschreiber an die Kolosser: …….. Heftet dieses Blatt an die Wand zu Paulus.
3. Lest Kol. 1, 2: An wen genau schreibt Paulus den Brief? Holt beim Spielleiter Stift und Papier und schreibt auf: der Brief ist bestimmt für ……. Heftet dieses Blatt an die Wand zu dem Briefbogen von Paulus.	4. Lest Kol. 1, 3: Immer wenn Paulus und Timotheus für die Gemeinde in Kolossä beten, ………….. Vervollständigt den Satz, holt beim Spielleiter Stift und Papier und schreibt den vollständigen Satz auf. Heftet dieses Blatt an die Wand zu dem Briefbogen von Paulus.
5. Lest Kol. 1, 9-11. Holt beim Spielleiter Stift und Papier und schreibt in Stichworten die Fürbitteanliegen für Kolossä auf (mit eben dieser Überschrift). Heftet dieses Blatt an die Wand zu dem Briefbogen von Paulus.	6. Lest Kol. 1, 15-20. Holt beim Spielleiter Stift und Papier und schreibt einige Stichworte des christologischen Lobpreises auf (mit eben dieser Überschrift). Heftet dieses Blatt an die Wand zu dem Briefbogen von Paulus.

7. Holt beim Spielleiter Stift und Papier. Lest Kol. 4, 10: Paulus schreibt den Brief aus …………………….. Bitte den Ort ergänzen und den Satz aufschreiben. Heftet dieses Blatt an die Wand zu dem Briefbogen von Paulus.	8. Aufgabe für alle: (das heißt, alle dürfen nach Erfüllung der Aufgabe ein Treppchen höher steigen) Kolossä ist eine kleinere, ursprünglich phrygische Stadt im Lykostal, an einer wichtigen Handels- und Heerstraße gelegen, die von Milet und Ephesus nach Kappadozien führt. Etwa 15 Kilometer entfernt liegt die neutestamentlich ebenfalls wichtige Stadt Laodizea (lest Kol. 4, 15+16), die Bezirkshauptort und Zentrum der Gegend war. Etwa 25 km entfernt liegt Hierapolis (lest Kol. 4, 13), das heutige Pammukale, welches schon in der Antike wegen seiner warmen Quellen bekannt war. Eure Aufgabe: Holt euch beim Spielleiter mehrere Blätter und Stifte und malt ganz grob drei bis vier Häuser für Kolossä (pro DIN A4-Blatt ein Haus), den Lykosfluß, zwei Häuser für Laodizea und zwei Häuser für Hierapolis (Haus = ein Viertel des DIN A4-Blattes). Heftet die Städte an die Wand zu den Ortsnamen.
9. Malt auf ein DIN A4-Blatt eine Person aus der Paulus-Zeit. Holt euch beim Spielleiter Schere, Papier und Farben. Schneidet dann diese Person grob aus und heftet sie an die Wand, irgendwo in oder um die Stadt Kolossä.	10. Malt auf ein DIN A4-Blatt eine Person aus der Paulus-Zeit. Holt euch beim Spielleiter Papier, Farben und eine Schere. Schneidet dann diese Person grob aus und heftet sie an die Wand, irgendwo in oder um die Stadt Kolossä.
11. Aufgabe für alle: (das heißt, alle dürfen nach Erfüllung der Aufgabe ein Treppchen höher steigen) Holt euch Schere, Papier und Stifte bei der Spielleitung. Malt ganz grob zwei Häuser (pro Haus ein DIN A4-Blatt), eine Kirche und drei Menschen auf (die Menschen grob ausschneiden) und heftet sie an die Wand zu dem Schild mit dem Namen der eigenen, heutigen Stadt. Die Stadt und die Menschen sind aus der heutigen Zeit …	12. In der »heutigen Stadt« ist auch ein Esoterikladen zu finden. Hole dir beim Spielleiter einen Stift und ein Blatt Papier und male ganz grob einen Esoterikladen auf mit einem großen, leeren Schaufenster.

13. Lest Kol. 1, 7 und holt euch bei der Spielleitung Stift und Papier. Vervollständigt den Satz und schreibt ihn auf. …….. hat die Gemeinde Kollosä gegründet (nach Kol. 4, 12 lässt er auch die Gemeinde grüßen). Heftet ihn unter die Stadt Kollosä. Zur Info: Paulus war bei seinen Reisen durch Phrygien nicht im Lykostal. Aber er ist indirekt der geistliche Vater der Gemeinden Kolossä, Laodizea und Hierapolis, da sie wahrscheinlich von einem Schüler und Mitarbeiter von ihm, ……….. , gegründet wurden.	14. Lest Kol. 2, 1 und holt euch bei der Spielleitung Stift und Papier. Schreibt auf, wie die Kolosser Paulus kennen und auf welche Weise er mit ihnen Kontakt aufnimmt. Heftet das Blatt zwischen Paulus und Kolossä.
15. Die Gemeinde in Kolossä glaubt an …. (lest Kol. 1, 4 und vervollständigt den Satz). Holt euch bei der Spielleitung Stift und Papier und schreibt den Satz auf. Heftet ihn quer über die Stadt Kolossä.	16. In Kolossä war das Problem des Synkretismus aufgetreten, der Vermischung des Christentums mit Vorstellungen der Philosophie und anderen Religionen – wie es auch heute noch immer wieder vorkommt. Die Gemeinde setzte sich aus Juden, Griechen und alteingesessenen Phrygiern zusammen. Jede Gruppe wollte ihr Gedankengut ins Christentum miteinbringen, was zunächst sehr harmlos und verständlich erscheint. Holt euch bei der Spielleitung Papier und Stift und schreibt noch mal mit eigenen Worten auf, was Synkretismus ist. Heftet dieses Blatt quer über Kolossä.
17. Paulus erfährt von den Problemen der Kolossergemeinde. Sie glauben an Jesus Christus, aber es droht eine Vermischung mit anderen Religionen und der Philosophie. Paulus macht sich Gedanken und Sorgen. Er weiß, dass dadurch die Grundlagen des Christentums gefährdet werden können. Die Judenchristen wollten die …………, ihre ……..gebote und ……..tage beibehalten (s. Kol. 2, 11 + 16). Paulus erkannte aber, dass sie damit die Rechtfertigung allein aus Glau-	18. Paulus warnt vor den Menschen, die Engel verehren und ein besonderes Asketentum einführen. Paulus warnt: Dies hat zur Folge, dass die Menschen sich auf ………… verlassen, anstatt ………………………….. (Kol. 2, 18b+19a). Sie denken, die Frömmigkeitsübungen, die Kasteiung des Körpers und die Verehrung der unsichtbaren Mächte sei ein Zeichen besonderer ………… (Kol. 2, 23). Paulus warnt in seinem Brief davor, zu denken, mit diesen Sachen könnte man es selbst

ben in Frage stellten. Als weitere Irrlehre erkannte er die Verehrung der ……… (Kol. 2, 18). Die Verehrung der ……. als Vermittler war ein Angriff auf die Überlegenheit und Allmacht von Jesus Christus. Holt euch bei der Spielleitung Stift und Papier und schreibt die kursiv gedruckten Sätze vervollständigt ab. Heftet das Blatt zu dem Synkretismus-Zettel über Kolossä.	schaffen, das Heil zu erlangen. Die Kolosser mussten sich angesichts dieser Lehren neu auf Jesus Christus besinnen, der der Einzige und auch der ausreichende Weg zur Errettung ist. Holt bei der Spielleitung Papier und Stift und schreibt den kursiv gedruckten Satz vervollständigt auf. Heftet ihn unter den Zettel »Die Judenchristen wollten die….«
19. In der »heutigen Stadt« ist auch ein Esoterikladen zu finden. Hole dir beim Spielleiter einen Stift und schreibe in das Schaufenster des Esoterikladens irgendetwas, was dort gerade angepriesen wird – egal, ob ein bestimmter Artikel (z.B. Glückssteine an der Halskette für jedes Sternzeichen) oder ein Slogan (z.B. »Finde die innere Kraft in dir und du wirst Erfolg haben!«) oder auch ein Schlagwort wie »Bewusstseinserweiterung«.	20. In der »heutigen Stadt« ist auch ein Esoterikladen zu finden. Hole dir beim Spielleiter einen Stift und schreibe in das Schaufenster des Esoterikladens irgendetwas, was dort gerade angepriesen wird – egal, ob ein bestimmter Artikel (z.B. Glückssteine an der Halskette für jedes Sternzeichen) oder ein Slogan (z.B. »Finde die innere Kraft in dir und du wirst Erfolg haben!«) oder auch ein Schlagwort wie Bewusstseinserweiterung«.
21. In der »heutigen Stadt« ist auch ein Esoterikladen zu finden. Hole dir beim Spielleiter einen Stift und schreibe in das Schaufenster des Esoterikladens: Heute im Angebot: Weisheit und Erkenntnis durch Yogaübungen!	22. Hole dir beim Spielleiter Stift, Papier und Schere und schneide eine Sprechblase aus. Schreibe in diese Sprechblase: Weisheit und Erkenntnis durch Fasten und Speisevorschriften! und hefte sie zu einer Person aus Kolossä.
23. Paulus hat zu seiner Zeit kräftig Werbung für seinen Glauben / für Jesus gemacht. Schreibe einen »Werbespruch« von ihm auf (einfach mal in der Bibel in seinen Briefen schmökern) und schneide ihn wie eine Sprechblase aus. Hefte diese an die Wand zu Paulus. Holt euch dazu Papier und Stift bei der Spielleitung.	24. Paulus hat zu seiner Zeit kräftig Werbung für seinen Glauben / für Jesus gemacht. Schreibe einen »Werbespruch« von ihm auf (einfach mal in der Bibel in seinen Briefen schmökern) und schneide ihn wie eine Sprechblase aus. Hefte diese an die Wand zu Paulus. Holt euch dazu Papier und Stift bei der Spielleitung.

25. Nicht nur Paulus hat zu seiner Zeit kräftig Werbung für seinen Glauben / für Jesus gemacht. Machen wir hier und heute auch: Schreibt einen »Werbespruch« für den Glauben / für Jesus / für Gott auf und schneidet ihn wie eine Sprechblase aus. Heftet diese an die Wand zu einer Person in der heutigen Stadt. Holt euch dazu Papier und Stift bei der Spielleitung.	26. Nicht nur Paulus hat zu seiner Zeit kräftig Werbung für seinen Glauben / für Jesus gemacht. Machen wir hier und heute auch: Schreibt einen »Werbespruch« für den Glauben / für Jesus / für Gott auf und schneidet ihn wie eine Sprechblase aus. Heftet diese an die Wand zu einer Person in der heutigen Stadt. Holt euch dazu Papier und Stift bei der Spielleitung.
27. Holt euch Papier und Stift bei der Spielleitung und schreibt wahlweise einen Satz oder ein Stichwort zum Thema »Wer ist Christus?« auf. Diesen Zettel dann an die Wand unter die Rubrik »Wer ist Christus?« heften.	28. Holt euch Papier und Stift bei der Spielleitung und schreibt wahlweise einen Satz oder ein Stichwort zum Thema »Wer ist Christus?« auf. Diesen Zettel dann an die Wand unter die Rubrik »Wer ist Christus?« heften.

2. Abend: Weisheit und Erkenntnis »erspielen«

Kurzbeschreibung

In vielen Bibeltexten, unter anderem in Kol. 2, 3 (»In Christus liegen verborgen alle Schätze der Weisheit und der Erkenntnis«) kommen die Worte »Weisheit« und »Erkenntnis« vor. Diese Worte sagen dem modernen Menschen der heutigen Zeit relativ wenig und machen es deshalb auch so schwer, diese jeweiligen Bibeltexte zu verstehen. Im folgenden Programmvorschlag geht es um ein langsames Erspielen dieser Worte und ihrer Bedeutungen, um ein besseres Verstehen der Wortbedeutung und damit auch schließlich um ein besseres Verstehen von Kol. 2, 3.

Zeitumfang

ca. 95 Minuten

Teilnehmeranzahl

8-80

Material

CD-Player, CD mit lebhafter Musik, Wortkärtchen in verschiedenen Farben (auf der Vorderseite stehen die Wörter, auf der Rückseite sind verschiedene Symbole – siehe Kopiervorlage), Schatzkiste mit Tagebüchern, kleine Schokoriegel, Sprichwörter auf Zetteln (auch mit Symbolen auf der Rückseite, siehe Kopiervorlage), DIN A3-Blätter, Eddings und / oder Wachsmalfarben, Stifte, Papier

Ablauf

Worte erspüren (ca. 5 Minuten)

Lebhafte Musik wird abgespielt. Immer bei Musikstop (ca. alle 10-15 Sekunden) ruft der Spielleiter ein Wort und die Teilnehmer haben die Aufgabe, sich in Mimik und Gestik so zu verhalten wie das Stichwort. Dies macht jeder ganz für sich, ohne zu sprechen und ohne mit anderen in Kontakt zu treten.
Stichworte, die gerufen werden: staunen, erkennen, wissen, fragen, weise sein, verstehen, herrschen, groß, helfen, verschenken / beschenken, hinhören, frei sein, stürzen, gebildet, fröhlich, Härte zeigen, wunderbar, warten, neuer Anfang, erster Schritt, befreien, mächtig, fesseln, kennen

Wortkärtchenaufgabe (ca. 5 Minuten)

1. Teil: Jeder Teilnehmer zieht ein Kärtchen, geht im Raum umher und versucht dabei, eine typische Bewegung und Mimik zu diesem Wort zu finden.
2. Teil: Danach bilden sich Gruppen: auf der Rückseite der Kärtchen sind verschiedene Symbole zu sehen. Immer die Teilnehmer mit dem gleichen Symbol auf ihrem Kärtchen finden sich als Gruppe zusammen. *Hinweis:* Der Gruppenleiter hat hier große Variationsmöglichkeiten. Je nach Gesamtgruppengröße kann man hier Kleingruppen von drei bis sechs Personen bilden. Die Kartenvorlagen finden sich im Anhang (Seite 139).

Choreographieaufgabe (ca. 10 Minuten)

Die Teilnehmer jeder Kleingruppe zeigen sich gegenseitig ihr Wort und die dazu gefundene Bewegung. Die anderen können evtl. Tipps zur Verbesserung geben, die gefundene Bewegung soll aber nicht total verändert werden! Alle Bewegungen sollen nun zu einer kleinen Choreographie zusammengefügt werden. Das bedeutet: Alle stehen in einer Reihe, machen gemeinsam zuerst die Bewegung und die passende Mimik des Wortes der ersten Person vor, auf Schnippszeichen (o.ä.) die Bewegung und Mimik des Wortes der zweiten Person, etc., bis alle Worte choreographisch dargestellt wurden.

Choreographievorführung (pro Kleingruppe ca. 2 Minuten)

Alle Kleingruppen treffen sich wieder im Plenum und führen sich dann gegenseitig ihre Choreographien vor. Nach der jeweiligen Choreographie darf geraten werden, welche Wörter dargestellt wurden.

Kleine »Schatzkisten-Pause« (ca. 10-15 Minuten)

In einer Schatzkiste liegt für jeden ein kleiner Schokoriegel bereit, damit neue Kräfte geschöpft werden können.

Sprichwörter werden lebendig (ca. 15 Minuten)
Jede Gruppe bekommt einen Zettel mit »ihrem« Sprichwort (gleiche Farbe / Zeichen wie auf Wortkärtchen siehe Seite 139).
Aufgabe: Entwerft eine Pantomime oder Kurzszene zu dem vorliegenden Sprichworttext. Als Hilfe: noch mal an die Choreographie erinnern, darin waren genau diese Wörter, die nun auch im Sprichwort vorkommen, enthalten und wurden damit auch schon erarbeitet.

Sprichwort-Vorführung (ca. 3 Minuten pro Kleingruppe)
Es folgt eine Sprichwortszenen-Vorführung im Plenum. Immer eine Gruppe führt ihr gespieltes Sprichwort vor und die anderen schauen zu. Bevor die Szene gespielt wird, wird das entsprechende Sprichwort vorgelesen und danach noch einmal.
Durch diese Sprichwörter werden viele Texte, in denen es um Weisheit und Erkenntnis geht, lebendig und besser verständlich, Weisheit und Erkenntnis bleiben nicht mehr abstrakte Wörter, sondern werden greifbar und erlebbar.

Sprichwortcomic (ca. 5 Minuten)
Jede Gruppe bekommt ein DIN A3-Blatt und einige Eddings oder Wachsmalstifte.
Aufgabe: Das eben vorgeführte Sprichwort soll groß aufgeschrieben werden und eine grobe Comiczeichnung der wichtigsten Szene soll dazu gemalt werden. Danach werden die Bilder an die Wand gehängt und kurz betrachtet.

Tagebuchaufschrieb (ca. 8 Minuten)
Jeder bekommt sein Tagebuchheft aus der Schatzkiste ausgeteilt. (Hinweis: Wer diesen Abend separat herausnimmt, kann auch einfach ein normales Blatt Papier für den Tagebuchaufschrieb verwenden, das später als Erinnerung mit nach Hause genommen werden darf.)

Impuls für den Tagebuchaufschrieb
- »Mein« Wort aufschreiben und die Assoziationen, die mir zu diesem Wort kamen oder jetzt gekommen sind. Was weiß / denke ich jetzt über Weisheit und Erkenntnis?

Gedanken zu Weisheit und Erkenntnis (ca. 3 Minuten)
Das ist wahrlich ein Angebot, das unüberbietbar erscheint: Alle Schätze der Weisheit und der Erkenntnis sind zu haben! Da kann es nur eines geben: zugreifen! Man fühlt sich wie auf einem Markt, wo ein Händler den anderen zu über-

treffen versucht. Alles bekommen zu können ist eine verlockende Aussicht. Alle Suche nach Sinn im Leben, nach Vergewisserung findet hier ihr Ziel: Christus. Das Christentum – ein konkurrenzloses Angebot? Nicht ganz, denn es gab und gibt Alternativen. Damals wie heute steht der christliche Glaube in Konkurrenz zu anderen Anbietern von Religion, Frömmigkeitspraxis, Sinnfindung und Lebenshilfe. Auf dem Markt muss man entscheiden, was eingekauft werden soll. Auch von anderen Ecken ertönt es: »Hier gibt es die wahre Weisheit« oder »Hier bekommen Sie die Erkenntnis über sich selbst«. Weisheit und Erkenntnis gibt es in vielen Farben und Formen im Angebot. Nicht nur bei Scientology oder allgemein bei Sekten, auch im Beruf und in der Freizeit lockt man die Eitelkeit des Menschen, sich selbst besser zu erkennen, die tief verwurzelten Wesensmerkmale zu erkennen, den inneren göttlichen Kern zu finden, wissen und erkennen ist wichtig. Weisheit und Erkenntnis ist das Größte in unserem Zeitalter. Eine Zeit der Neugier ist angebrochen. Überall berauscht die Lust auf neue Bilder. Jeder ist auf der Suche. Auf der Suche nach Sinn. Hat die Welt für den modernen Menschen heute einen Sinn parat?
Unruhe macht sich breit. Menschen wollen Zusammenhänge erkennen, Leben und Tod begreifen, weise werden. Sie wollen die Weisheit und Erkenntnis. Sie wollen Bescheid wissen. Sie schreiben Computerprogramme, um das menschliche Erbgut zu enträtseln. Ihre Hand halten sie einer Wahrsagerin hin. Von allem Ballast trennen sie sich und folgen einem Lehrer der Weisheit. Sie reihen sich ein in den langen Zug durch alle Menschheitsepochen – immer wieder die Suche nach Sinn, die Suche nach Weisheit und Erkenntnis.
Und dann dieser Satz: In Christus – nicht im World Wide Web, nicht bei Scientology, nicht im Erbgut – in Christus liegen *alle* Schätze der Weisheit und der Erkenntnis. Haben wir das wirklich schon erkannt? Vergessen wir das nicht oft?
In Christus liegen alle Schätze der Weisheit und der Erkenntnis.

Impulse*:*
- Einen Satz, den ich mir vom eben Gehörten merken möchte, aufschreiben.
- Außerdem ein bis zwei Weisheit- und Erkenntnis-Sprichwörter ins Tagebuch eintragen (hängen noch an der Wand).
- Welche Fragen stellte Jesus, der alle Weisheit und Erkenntnis besitzt, früher an die Menschen? Und welche Fragen stellt er heute an mich? Ein bis zwei Fragen ins Tagebuch schreiben, wie sie Jesus an mich formulieren würde.

Abschluss (ca. 5 Minuten)
Einen passenden gemeinsamen Gruppenabschluss gestalten, z.B. Abschlusslied, Gebet, Segen…

Kopiervorlage für Wortkärtchenaufgabe

Erkenntnis macht frei, Bildung fesselt, Halbbildung stürzt in Sklaverei. (Wilhelm Raabe)	erkennen
	frei
	gebildet
Wahrheit ist keine Medizin zum Hinunterschlucken. (afrikanisches Sprichwort aus Zaire)	Wahrheit
	Medizin
	hinunterschlucken
Ein weiser Mensch hat ein fröhliches Gesicht. Alle Härte ist daraus verschwunden. (Prediger 8, 2)	weise sein
	fröhlich
	Härte zeigen, hart sein
Der Weisheit letzter Schluss ist sehr oft ein neuer Anfang. (Ernst Ferstl)	weise sein
	neuer Anfang
	Schluss
Diese Erkenntnis ist mir zu wunderbar und zu hoch, ich kann sie nicht begreifen. (Psalm 139, 6)	erkennen
	begreifen
	wunderbar
Zweifel sind das Wartezimmer der Erkenntnis. (N.N.)	zweifeln
	warten
	erkennen
Kenntnisse sind übertragbar, Erkenntnisse nicht. (Walter Wanner)	wissen
	erkennen
	übertragen

Staunen ist der erste Schritt zu einer Erkenntnis. (Louis Pasteur)	staunen
	erkennen
	erster Schritt
Ihr werdet die Wahrheit erkennen und die Wahrheit wird euch befreien. (Johannes 8, 31)	Wahrheit
	erkennen
	befreien
Wie groß auch die Macht ist, so wird sie doch nicht herrschen, sondern die Weisheit. (Martin Luther)	mächtig
	Herrschen
	weise sein
Weisheit ist etwas anderes als Wissen und Verstand und Lebenserfahrung, Weisheit ist das Geschenk, den Willen Gottes in den konkreten Aufgaben des Lebens zu erkennen. (Dietrich Bonhoeffer)	wissen
	erkennen
	verstehen
Wer die Erkenntnis der Sache nicht hat, dem wird die Erkenntnis der Worte nicht helfen. (Martin Luther)	erkennen
	helfen
	haben

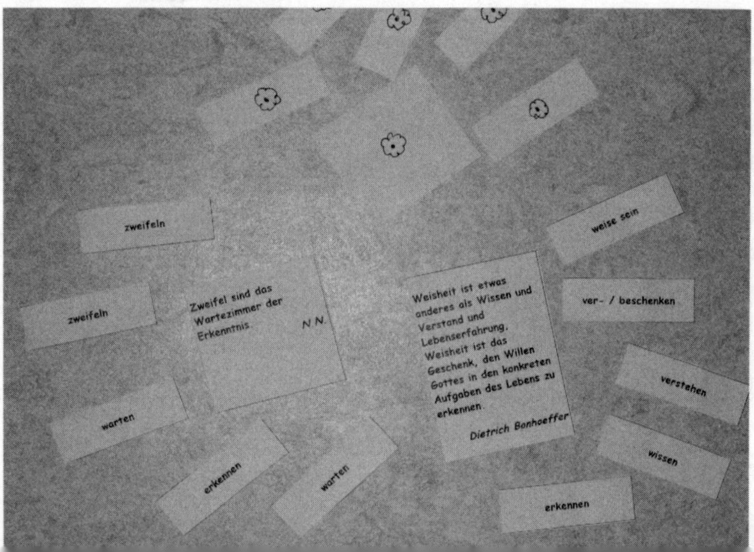

3. Abend: Verborgene Schätze finden

Kurzbeschreibung
In dieser Einheit geht es ganz stark um das Thema Schatz und Schatzsucher. Welche Schätze sind mir wichtig, was für ein Schatzsuchertyp bin ich, warum gibt es verborgene Schätze? Neben einer Annäherung durch theaterpädagogische Elemente liegt der Schwerpunkt auf der gestalterischen Umsetzung durch Sgraffitotechnik.

Zeitumfang
ca. 110 Minuten

Teilnehmeranzahl
8-80

Material
Stifte, Tagebücher, Schatzkiste, CD-Player, lebhafte Musik, ruhige Musik, Stockmar-Wachsmalfarben in ausreichender Menge, DIN A5-Papier, schwarze Tusche, Pinsel, Schaschlikspieße, alte Zeitungen, Flipchart, Eddingstifte

Ablauf

Ankommen und Schatz entdecken (ca. 3 Minuten)
Alle Teilnehmer dürfen es sich auf einem Stuhl oder auf dem Boden liegend bequem machen und die Augen schließen.
»Mache es dir bequem. Spüre deinen Körper, spüre die Unterlage, auf der du sitzt / liegst. Lockere deine Arme und Beine, entspanne dich. Nun mach dich in Gedanken auf den Weg. Du gehst eine Straße entlang. Die Straße ist aus Asphalt, sie geht immer geradeaus. Du gehst, Schritt für Schritt. Da entdeckst du einen kleinen Weg, der von der Straße abzweigt. Der Weg ist schmal und windet sich durch eine Wiese. Du gehst fröhlich den Weg entlang, entdeckst am Wegrand schöne Blumen und einige Schmetterlinge. Du gehst weiter und siehst plötzlich vor deinen Füßen einen wunderschönen Stein. Wie groß ist er? Wie sieht er aus? Du hebst ihn auf. Wie fühlt er sich an? Du betrachtest ihn genau und legst ihn wieder zurück. Du setzt deinen Weg fort und kommst in einen lichtdurchfluteten Wald. Die Sonne bricht sich in den Zweigen der Bäume, die Vögel zwitschern und bei jedem Schritt hörst du die Äste unter deinen Füßen knacken und das Laub rascheln. Du bleibst stehen und holst tief Luft. Das tut gut. Du schaust dich um. Was kannst du alles entdecken? Was siehst du vor deinem inneren Auge in dei-

nem Wald? Auf einmal siehst du etwas glitzern. Du gehst darauf zu. In einer kleinen Höhle entdeckst du, ganz verdeckt von heruntergefallenem Laub und Spinnweben, eine Schatzkiste. Vorsichtig machst du die Schatzkiste sauber. Du ahnst: Es ist deine Schatzkiste. In dieser Schatzkiste liegt das, was dir jetzt gerade wichtig ist. Was ist besonders wertvoll für dich? Woran hängt dein Herz, was freut dich, was ist dein persönlicher Schatz? Etwas Dingliches oder etwas Abstraktes? Du setzt dich neben die Schatzkiste und denkst an deinen Schatz. Halte dieses Bild fest und merke es dir. Dann versteckst du deine Schatzkiste wieder gut. Wenn du nächstes Mal kommst, wirst du deine Schatzkiste wiederfinden. Wird sie dann wieder mit dem gleichen Inhalt gefüllt sein? Verstecke deine Schatzkiste und mache dich auf den Weg zurück durch den Wald. (Zeit lassen.) – Auf den Weg. – Auf die Straße. – Zurück in diesen Raum. – Recke und strecke dich, öffne langsam die Augen, komme wieder hier an.«

Schatzsucher sein (ca. 5 Minuten)
Alle Teilnehmer bewegen sich zu lebhafter Musik im Raum.
»Jeder geht in seinem Tempo durch den Raum. – Das Tempo steigert sich langsam. – Schneller gehen – noch schneller – und wieder langsamer werden. Du gehst noch einmal die Straße entlang. Jetzt zweigst du auf den Weg ab. Und du gehst durch den Wald, langsam und aufmerksam. Du entdeckst noch einmal die Schatzkiste und öffnest sie langsam, staunst über den Inhalt. Stell dir einen Schatz vor, den du auch den anderen zeigen willst. Das kann der von vorhin sein oder einfach ein anderer Schatz, vielleicht Gold oder wertvolle Steine, oder …«

Verschiedene Schatzsucher (ca. 10 Minuten)
Die Teilnehmer finden sich in Kleingruppen zusammen. Jede Kleingruppe bekommt eine kleine Theateraufgabe. Sie sollen einen bestimmten Schatzsuchertypus darstellen und eine kleine Szene dazu erfinden, die das Wesen dieses Schatzsuchers unterstreicht.
Jede Kleingruppe bekommt einen anderen Schatzsuchertypus zugeteilt:
vergeblicher Schatzsucher / einfallsreicher Schatzsucher / lustloser Schatzsucher / hektischer Schatzsucher / Schatzsucher unter Zeitdruck / geduldiger Schatzsucher / erfolgreicher Schatzsucher / resignierter Schatzsucher

Vorführung der »Schatzsuchertypen-Szenen« (ca. 3 Minuten je Kleingruppe)
Alle Teilnehmer treffen sich wieder im Plenum und spielen sich gegenseitig ihre Szenen vor. Nach der Szene raten die Zuschauer den dargestellten Schatzsuchertypus.

Tagebuchzeit (ca. 8 Minuten)

Jeder Teilnehmer zieht sich mit seinem Tagebuch zurück, ruhige Musik ertönt. Zuerst soll sich jeder Zeit nehmen und darüber nachdenken, was für ein Schatzsuchertyp er ist. Überlegt oder hektisch, resigniert oder begeistert. Jeder kann für sich überlegen, wie er an Aufgaben herangeht, an seine Arbeit, an die Freizeitgestaltung, an die Gestaltung seines Glaubenslebens, ans Bibellesen…

Impulse für den Tagebucheintrag

- Was für ein Schatzsuchertyp bin ich?
- Welche Schätze sind für mich wichtig? Was ist mir persönlich wertvoll?
- Welchen Schatz habe ich bei dem »Stillespaziergang« vor meinem inneren Auge gesehen? Was würde ich als Schätze für mich bezeichnen?
- Ist Jesus / die Bibel / mein Glaube auch ein Schatz für mich? Warum bzw. warum nicht?
- Was für ein Schatzsuchertyp bin ich in punkto Glauben / Bibel?
- Was wird mir deutlich? Was nehme ich mir vor?

Verborgene Schätze in Sgraffito-Technik (ca. 45 Minuten)

Jeder Teilnehmer erhält ein DIN A5-Blatt, das rundum mit Tesastreifen auf einen festen Karton geklebt wird. Mit Stockmar-Wachsmalfarben (Marke ist wichtig, mit Billigwachsmalfarben funktioniert diese Technik nicht) darf nun jeder seinen Schatz aufmalen. Egal, ob konkret oder abstrakt, jeder wählt die Formen und Farben, die ihm entsprechen. Drei Regeln gilt es dabei zu beachten:

Es darf mit allen Farben gemalt werden außer schwarz.

Die Farbe muss unbedingt ganz dick aufgetragen werden.

Es darf nirgendwo mehr ein weißer Fleck bleiben, auch der Hintergrund

wird mit einer oder mehreren passenden Farben ausgemalt.
Im nächsten Schritt wird das gesamte Bild mit schwarzer Tusche übermalt, die nicht zu dünn und nicht zu dick mit einem Pinsel aufgetragen wird.
Nach dem Trocknen erhält jeder einen Schaschlikspieß und soll nun eine Schatzkiste, den Namen eines Schatzes oder einen Behälter mit Muster in die schwarze Tusche kratzen. Entweder wird das Motiv ausgekratzt oder das Motiv bleibt in Schwarz stehen und der Hintergrund wird ausgekratzt.
Durch diese Technik wird wieder ein Teil des vorherigen Schatzbildes sichtbar, aber auf ganz andere Weise. Ein Teil des verborgenen Schatzes kann erahnt werden, ist aber nicht ganz sichtbar. Gerade dies macht aber auch den Reiz des verborgenen Schatzes aus.

Hinweise:
Durch das Kratzen lösen sich kleine Wachsstücke, die man nicht wegpusten oder auf den Boden werfen sollte, es gibt sonst eine große Sauerei. Einen extra Tisch mit Zeitungspapier auslegen und Pinsel bereitlegen, wo die abgeschabten Wachsstückchen abgepinselt werden können. Später kann man sie mitsamt dem Zeitungspapier bequem entsorgen.
Die Teilnehmer werden bestimmt unterschiedlich schnell arbeiten. Jeder soll ausreichend Zeit bekommen, weil das Ganze auch ein meditativer Vorgang ist. Wer früher fertig ist, bekommt eben eine längere Pause…

Verborgene Schätze betrachten (ca. 5 Minuten)
Alle Bilder werden in einem Bogen oder Kreis ausgelegt und die Teilnehmer bekommen Zeit zur Betrachtung, lassen die Bilder auf sich wirken.

Austausch in Kleingruppen (ca. 10 Minuten)
Die Teilnehmer finden sich in Kleingruppen zusammen und tauschen sich über den Malvorgang, ihre Gedanken über verborgene und offensichtliche Schätze und ihre Bilder aus. Dazu gibt es Gesprächsimpulse, an die man sich nicht zwingend halten muss, sie sind nur als Anregung gedacht. Am besten die Impulse auf einem Flipchart notieren, die Teilnehmer aber darauf hinweisen, dass sie nur als Anregung verstanden werden sollen.

Impulse für das Kleingruppengespräch
- Wie ging es mir beim Malen? Welche Gedanken über offensichtliche und verborgene Schätze gingen mir durch den Kopf?
- Fiel es mir leicht, mich auf einen Schatz festzulegen?
- Wie wirken die Bilder auf mich?
- Was wollte ich darstellen?
- Warum sind manche Schätze verborgen?
- Wie kann man verborgene Schätze finden?

Tagebuchzeit (ca. 5 Minuten)
Jeder Teilnehmer erhält ein letztes Mal Zeit, sich in seinem Tagebuch Notizen zu machen. Jeder entscheidet selbstständig, was er für sich festhalten will. Impulse sind wieder auf dem Flipchart zu lesen, es müssen natürlich nicht alle »abgearbeitet« werden.

Impulse für den Tagebucheintrag
- Was wurde mir heute deutlich?
- Was verstehe ich unter verborgenen Schätzen?
- Worüber will ich weiter nachdenken?
- Welche Schätze hält Jesus für mich bereit? Wie viele Schätze? Wo liegt der Schatz?
- Wie kann ich die verborgenen Schätze finden?
- Warum ist der Schatz verborgen?
- Was nehme ich von dem Erlebten heute mit?

4. Abend: Jesus Christus als Schatz

Kurzbeschreibung

In der letzten Einheit dreht sich noch mal alles um den Schatz und die Behandlung des Schatzes. Neben der Herstellung einer Schatzkiste bilden eine Theateraufgabe und ein kognitives Beschäftigen mit dem Erfahrenen die Abrundung der gesamten Einheit.

Zeitumfang

90 Minuten

Teilnehmeranzahl

8-80

Material

Schuhschachteln, braune, schwarze und gelbe Abtönfarbe, ausreichend Pinsel, gelber Tonkarton, Scheren, alte Wachstuchtischdecken oder alte Zeitungen als Malunterlage, Schatzkistenfüllung nach Belieben (s. u.)

Ablauf

Schatzkiste herstellen (ca. 30 Minuten)

Jeder Teilnehmer erhält eine kleine Schuhschachtel (am besten DIN A5-Format, damit noch das Tagebuchheft hineinpasst), einen Pinsel und braune Abtönfarbe. Die Schuhschachtel wird innen und außen braun angemalt.

Nach einer kleinen Pause ist die Farbe trocken und mit gel-

ber Abtönfarbe werden Beschläge aufgemalt, mit schwarz die Bretter angedeutet. An einer der beiden längeren Schachtelseiten werden Deckel und Schachtelunterteil mit drei bis vier Tonkartonstreifen verbunden, so dass man den Deckel nun nicht mehr ganz abheben kann, sondern wie bei einer Schatzkiste nach hinten klappt. Für die Vorderseite der Schachtel wird zum Schluss aus gelbem Tonkarton ein Verschluss ausgeschnitten, ein längliches Stück, das mittig an den Schachteldeckel geklebt wird und eine Lasche, die mittig an den unteren Teil geklebt wird. Wenn man das längliche Teil in die Lasche schiebt, wirkt es nun wie ein Schloss.
Eine persönliche Schatzkiste ist entstanden.

Schatz-Szenen erarbeiten (ca. 10 Minuten)
Die Teilnehmer finden sich in Kleingruppen zusammen und bekommen die Aufgabe, eine kurze Szene zu entwickeln, in der ein »Meister« / ein »Herr« seinem Schatzmeister einen Schatz überreicht, auf den er gut aufpassen soll. Ob es ein konkreter oder abstrakter Schatz ist, bleibt jeder Gruppe überlassen. Außerdem soll sich jede Gruppe überlegen, wie die Szene weitergeht. Ist es ein guter oder ein schlechter Schatzmeister? Kommt der Meister zurück oder nicht? Was passiert mit dem Schatz? Die Schatzkisten dürfen als Requisiten eingesetzt werden.

Vorführung der Szenen (ca. 10 Minuten)
Alle Kleingruppen treffen sich im Plenum und führen sich gegenseitig ihre Schatz-Szenen vor.

Zum Nachdenken (ca. 5 Minuten)
Der Mitarbeiter referiert Gedanken zum Thema Schatz:
Ein kleines Kind kommt auf die Welt. Ärmlich. Nicht in einem Palast, sondern in einer Notunterkunft. Es hat kein Bett, sondern nur eine Futterkrippe als Notlösung. Es bekommt keine schönen Kleider angezogen, sondern wird nur notdürftig in Windeln gewickelt und auf Stroh gelegt. Was für ein erbärmlicher Start in diese Welt, was für ein erbärmlicher Start für einen künftigen König, für den Herrn der Welt, für den Sohn Gottes.
Jesus, der große Schatz, kommt so gar nicht würdig auf die Welt. Nicht im großen Palast, er liegt auch nicht in einem mit Samt und Seide ausgeschlagenen Bettchen. Schon seine Geburt wirft Fragen auf. In bescheidenen Verhältnissen kam er zur Welt. Wenn man den Stall und die Krippe betrachtet, könnte man die Verhältnisse als arm bezeichnen. Mit der Einordnung dieses Ereignisses hatten schon die Menschen damals ihre Probleme.

Das soll es gewesen sein? Das haben sie sich großartiger, glanzvoller vorgestellt. Darauf deuten doch auch die alttestamentlichen Hinweise hin. Ein König, der Messias und stattdessen: Gott in einem Kind. Provozierend banal. Unbegreiflich und doch greifbar. Eben nicht bloß ein Gedanke, sondern ein Mensch, wie du und ich. Gott selbst macht sich greifbar. Er greift in die Geschichte ein.

Und er ist der alleinige Erlöser. Andere Wege haben wir nicht nötig. Andere Wege wie damals das Fasten, heute Scientology, Genmanipulation. Und in ihm, Christus, ist alles zu finden, was wir brauchen. Was uns fehlt, können wir nicht herstellen, nicht kaufen. Was uns fehlt, das offenbart sich allein in Christus. Ganz und gar. Nicht nur zum Teil oder mit manchen Einschränkungen versehen. Sondern in Christus sind *alle* Schätze der Weisheit und der Erkenntnis verborgen und er ist der alleinige Weg. In ihm erkennen wir, wer Gott ist.
Christus ist uns zur Weisheit gemacht, wie es in 1. Kor. 1, 30 steht. Und in ihm ist zu erkennen, wer ich bin: Kind Gottes, sein Geschöpf und sein Gegenüber.
Deshalb gilt es, das Wagnis des Glaubens einzugehen und Schatzsucher zu sein. Sich nicht immer wieder auf sich selbst verlassen zu wollen, sondern Schatzsucher bei Jesus Christus zu sein. Bei Jesus, dem Schatz, bei Jesus, unserem Meister, bei Jesus, dem Schatzmeister.

Tagebuchzeit (ca. 8 Minuten)
Jeder Teilnehmer zieht sich mit seinem Tagebuch zurück und wählt für sich die Impulse aus, die ihn am meisten ansprechen. Die Impulse stehen wieder auf dem Flipchart.

Impulse für den Tagebucheintrag
- Welche Bedeutung übernimmt Jesus in meinem Leben? Ist er ein Schatz für mich oder gibt es für mich wertvollere Schätze?
- Wer ist mein Meister? Und wer mein Schatzmeister?
- Wie behandle ich meinen Schatz (Jesus, meinen Glauben, …)? Schließe ich ihn vorsichtig weg, nehme ich mir Zeit für meinen Schatz, genieße ich ihn, vergesse ich ihn…?
- Wenn ich an die Szenen von vorhin denke, welche lässt sich am besten auf mich und mein Glaubensleben übertragen?
- Was nehme ich von der Einheit heute mit?
- Was nehme ich mir vor?
- »Christus ist uns zur Weisheit gemacht« (1. Kor. 1, 30). Was denke ich nach diesen Einheiten darüber?
- Wie ging es mir zu Beginn mit dem Bibelvers »In Christus liegen verborgen alle Schätze der Weisheit und der Erkenntnis« (Kol. 2, 3) und was sagt mir der Vers jetzt?

Am Ende legt jeder Teilnehmer sein Tagebuchheft in die persönlich hergestellte Schatzkiste. Dieses Tagebuch ist jetzt schon ein Schatz durch die entstandenen Einträge, ein Schatz, in dem man jetzt immer wieder blättern, sich erinnern, sich etwas vornehmen kann. Ein noch größerer Schatz kann es werden, wenn die Teilnehmer die Chance nutzen, auch zu Hause weiterhin mit dem Tagebuch zu arbeiten: Gedankengänge aufschreiben, Gebete formulieren, Bibel lesen und Notizen machen. Der Mitarbeiter macht am Ende dieser Einheit Mut, den Schatz weiter zu pflegen!

Pause mit heimlicher Schatzkistenfüllung (ca. 15 Minuten)
Die Teilnehmer bekommen eine Pause und der Mitarbeiter füllt in der Zeit die Schatzkisten der Teilnehmer. Mögliche Schatzkistenfüllungen wären zum Beispiel Mini-Gummibärenpackungen, Schokoriegel, Müsliriegel, Traubenzucker, Feder, Murmel, Photodöschen mit Aufkleber »Für wertvolle Schätze«, schöner Stein, Stofftuch, Karte mit dem Text von Kol. 2, 3 (gibt es auch mit einem Gemälde von Felger, siehe Jahreslosung 2001), Segenskärtchen, Holzkreuz, Bibelverse für verschiedene Gelegenheiten …

Schlussmeditation (ca. 3 Minuten)
Alle Teilnehmer setzen sich in einen großen Kreis, die Schatzkisten in der Mitte. Wer möchte, kann noch eine kurze Feed-back-Runde zur gesamten Einheit einfügen. Als Abschluss wird die unten stehende Meditation vorgelesen und dann den Teilnehmern ihre Schatzkiste mit dem Überraschungsinhalt überreicht.

In Christus
Nicht: auch mit ihm, mit ihm zusätzlich, in der Nähe von ihm, kombiniert mit ihm …
Sondern: Nur *in* Christus selbst, ohne Kompromisse.

In *Christus*
In Jesus Christus, Gottes Sohn, in dem Retter und Erlöser, dem Herrn, in dem das Heil liegt – der Heiland.

In Christus *liegen*
Nicht: kleben offensichtlich vornedrauf, werden verschleudert, stehen voll klar auf die Stirn tätowiert, ändern sich immer wieder …
Sondern: liegen – man muss genauer hinsehen, immer da, ändern sich nicht

liegen *verborgen*
Nicht: ganz offen, für jeden sofort sichtbar, ohne Probleme auf den ersten Blick zu entdecken

Sondern: verborgen, sorgfältig gehütet und bewahrt, bei genauem Hinsehen zu entdecken

alle
Nicht: ein paar, einige wenige, die meisten, fast alles …
Sondern: alle, ohne Ausnahme, sonst nirgends, nur hier bei ihm

Schätze
Ein Schatz ist etwas Wertvolles. Ein Schatz ist etwas, das man nicht einfach so auf dem Silbertablett serviert bekommt. Ein Schatz ist etwas ganz Besonderes, den man zuerst suchen muss, um den man sich bemühen muss. Ein Schatz ist etwas ganz besonders Wertvolles, etwas Einmaliges, etwas Strahlendes, nichts Gewöhnliches.

Weisheit und *Erkenntnis*
Nicht einfach nur Klugheit, sondern die verstehende Einsicht in die verborgenen Zusammenhänge der Welt. In Gottes Welt regiert nirgends der planlose Zufall, sondern seine Weisheit und Erkenntnis, für uns nie vollständig zu begreifen und zu erfassen, zu groß für unseren Horizont.
Wenn Christus vor allem ist und in ihm alles Bestand hat, ist es selbstverständlich, dass es keine anderen Schätze der Erkenntnis gibt, als solche, die in ihm verborgen sind.

BAUSTEINE FÜR EINEN BESONDEREN ABEND DER STILLE

Kurzbeschreibung
Actionprogramm hat jeder den ganzen Tag und auch für einen actionreichen Gruppenabend gibt es genügend Anregungen. Doch wie ist es mit Zeiten der Stille und des Gebets? Im Folgenden einige Anregungen, die je nach Gruppe zusammengestellt und modifiziert werden können, damit man auch der Sehnsucht des Menschen nach Ruhe, Spiritualität und Gottesbegegnung gerecht werden kann und ihm Möglichkeiten dazu anbietet.
Die Anregungen können zu einem ganzen Abend zusammengestellt werden oder einzelne Bausteine als Teile eines Bibliodrama-Entwurfs verwendet werden.
Zeitumfang
variabel
Teilnehmeranzahl
5-100
Material
siehe bei den jeweiligen Angeboten

Bausteine:

Teelichter entzünden

Material
Papier, Stifte, Teelichter, große Kerze, Körbchen

Durchführung
Die große Kerze wird in die Mitte gestellt und angezündet. An mehreren Stellen im Kreis stehen Körbchen mit Teelichtern. Jeder bekommt einen Stift und mehrere Zettel. Pro Zettel wird ein Gebetsanliegen aufgeschrieben, eine Bitte, eine Fürbitte, ein Dank, eine Frage – evtl. während dieser Phase im Hintergrund leise Musik abspielen.
Dann wird erklärt, dass schon das Aufschreiben ein Gebet war und dies jetzt noch mal unterstrichen werden soll. Dazu liest immer eine Person (entweder reihum

oder quer durcheinander) ihr Gebetsanliegen vor, nimmt dann ein Teelicht, entzündet es an der großen Kerze, legt den Zettel in die Kreismitte und stellt das Teelicht drauf. Wer sein Gebetsanliegen nicht laut sagen möchte, legt nur den Zettel hin und entzündet das Teelicht. Gott wird auch dieses Gebet hören und ernst nehmen.
Diese Form des Gebets braucht Zeit, ist aber auch sehr eindrücklich, weil die Gebetsanliegen durch die Kerzen »sichtbar« werden. Beenden kann man diese Zeit zum Beispiel mit dem Lied »Gott hört dein Gebet«.

Klagezeit

Material
Steine, Eddings oder Zettel und Stifte, Kreuz

Durchführung
Gemeinsam einen Klagepsalm lesen und erklären, dass man Gott auch anklagen darf und ihm nicht nur »Honig ums Maul schmieren« muss.
Jeder bekommt einen oder mehrere Steine und kann nun entweder mit Edding direkt auf den Stein schreiben oder mit Stift auf einen Zettel und diesen um den Stein wickeln oder darunter legen. Es genügt auch ein Stichwort.
Dann kommt eine Phase, in der die Klagesteine unter dem Kreuz abgelegt werden – wortlos, denn es sind oft sehr persönliche Anliegen. Wenn man vor dem Aufschreiben erklärt, dass die Zettel / Steine wortlos abgelegt und später nicht angeschaut werden, können die Teilnehmer ehrlicher / offener ihre Klagen vor Gott bringen.
Nach dem Ablegen der Klagesteine kann man sich noch über das Klagen und Klageanliegen austauschen, wenn sich die Gruppe gut versteht und eine Offenheit herrscht. Ansonsten ist jetzt Zeit für eine Stille und / oder ein Gebet des Mitarbeiters oder der Teilnehmer, in dem es auch um Lasten und Klagen-Abgeben geht und dass man alle Sorgen auf Gott werfen darf.
Auch ein gemeinsames Abendmahl bietet sich an.

Gebetsstationen

Material
je nach Stationen

Durchführung
Es soll eine offene Gebetsphase mit verschiedenen Gebetsstationen gestaltet wer-

den, in der jeder Teilnehmer wählen kann, zu welchen Stationen er geht und wie lange er dort bleibt.
Bevor die meditative Zeit beginnt, sollte unbedingt geklärt werden, wann das Ende dieser Gebetszeit ist und wie es angekündigt wird (z.B. ein bestimmtes Lied, das per CD abgespielt wird und somit noch genügend Zeit lässt, die persönliche Gebetszeit abzuschließen).
Im Folgenden die Beschreibung möglicher Stationen, die beliebig erweiterbar sind.

Tipps und Anregungen zu den Gebetsstationen
- Darauf achten, dass die Gebetsstationen nicht zu dicht aufeinander folgen, damit auch wirklich eine stille Atmosphäre entstehen kann. Ruhig auch den Gang und weitere Zimmer miteinbeziehen und den Teilnehmern genügend Zeit lassen, die einzelnen Stationen zu entdecken und sich an einer oder mehreren länger aufzuhalten.
- Vorher auch erklären, dass es nicht darum geht, möglichst viele Stationen »abzuklappern«, sondern die Gebetsform zu finden, die mir im Augenblick entspricht.
- An jeder Gebetsstation ein ansprechend gestaltetes Plakat aufstellen / aufhängen, auf der die Gebetsstation erklärt wird (Texte siehe bei den einzelnen Beschreibungen). Eventuell an einer Stelle alle Gebetsstationen mit Kurzbeschreibung und Raumangabe aufhängen, so erhält man schnell einen Überblick.
- Auf jeden Fall jede Station vorher gut vorbereiten, das Material bereitlegen, evtl. ruhige Musik im Hintergrund, damit die Stationen auch ansprechend sind und es beim Beginn dieser offenen Gebetszeit keinen Stress gibt, weil irgendwo noch Stifte oder Bibeln fehlen.

Gebetsecke

Material
Kreuz, Kerze, Gebetsschemel / Sitzkissen, kleiner Hocker oder Tischchen, Tuch

Durchführung
Mit Kreuz und Kerze wird ein kleiner Altar gestaltet und dekoriert, evtl. ein Bild oder eine Blume aufstellen, Gebetsschemel oder Kissen bereitlegen. Hier kann man sich niederlassen, den Altar betrachten und ein Zwiegespräch mit Gott halten.
Als Anregung: »Richte dich auf den Altar aus, rede mit Gott, höre auf ihn, nimm dir Zeit zum Gebet, mach den Kopf frei von anderen Gedanken und sei ganz für Gott da, so wie er für dich!«

Bildbetrachtung

Material
Sitzmöglichkeiten, Bild

Durchführung
Ein Bild aufstellen mit Sitzmöglichkeiten davor. Das Bild sollte nicht zu klein sein oder es sollte genügend kleine Bilder für jeden persönlich geben: Zum Beispiel ein Bild vom vergebenden Vater, der den verlorenen Sohn in die Arme schließt.

Stille Ecke

Material
Kissen und Decken, Musik, Deko für die Mitte

Durchführung
Mit Matratzen / Decken und Kissen wird eine gemütliche Ecke gestaltet, im Hintergrund wird leise Musik abgespielt. Hier können sich die Teilnehmer ausruhen, meditieren, der Musik lauschen, die Stille genießen oder auch leise für sich beten.
Als Anregung: »Nimm dir Zeit und lass dich hier bequem nieder. Ruhe dich aus. Betrachte die gestaltete Mitte, lass deine Gedanken kommen, meditiere, komme mit Gott ins Gespräch, höre, was er dir zu sagen hat.«

Mandala-Gebet

Material
Mandala-Kopien mit Bibelworten, Buntstifte

Durchführung
An einem Tisch Mandala-Vorlagen und Buntstifte bereitlegen. Über jedem Mandala oder rundherum steht ein Bibelvers, der während dem Malen verinnerlicht werden kann.

Bibelvers-Meditation

Material
passendes Material zu einem Bibelvers, s.u.

Durchführung
Zu einem Bibelvers wird eine Station gestaltet, in der die Teilnehmer den Bibeltext erfahren und vertiefen können. Als Beispiel: Eine Ecke, in der Spiegel hängen und Namensbücher ausliegen, dazu den Vers »Gott schuf den Menschen zu seinem Bilde, zum Bilde Gottes schuf er ihn« (1. Mose 1, 27). Papier bereitlegen, wo sich jeder die Bedeutung seines Namens und den Bibelvers notieren kann, evtl. eine Sofortbildkamera dazulegen.

Bibeltextgestaltung

Material
Natur- / Bastelmaterial, Klebstoff, Scheren, großes Plakat oder große Stoffbahn, Bibeltext
Durchführung
Einen Bibeltext aufhängen / auslegen und Material (Naturmaterial, Bastelmaterial) bereitlegen, um den Text umzusetzen – als Collage, als Wandbehang, ... (z.B. den Text vom neuen Himmel und der neuen Erde (Offb. 21, 1)).

Bild malen

Material
Papier, Wachsmalfarben, Buntstifte, Kohlestifte

Durchführung
Jeder Teilnehmer nimmt sich Papier und Stifte und malt »meditativ«. Er soll das in sein Bild legen, was ihn gerade bewegt, Farben und Formen wählen, die ihm gerade entsprechen. Während des Malens kann man seine Gedanken vor Gott bringen. Als Anregung: »Vielleicht möchtest du deinen momentanen Gefühlszustand malen oder dein momentanes Verhältnis zu Gott? Oder du malst / gestaltest einen Gebets-, Lied- oder Psalmtext.«

Beten wie ein Kind

Material
Kindergebete auf kleinen Kärtchen und / oder großen Plakaten, evtl. Kinderphotos und selbstgemalte Kinderbilder

Durchführung
Die Teilnehmer sollen sich in ihre Kindheit oder in Kinder allgemein hineinversetzen und nachspüren, wie Kinder beten und mit welchem Vertrauen sie Gott entge-

gentreten. Jesus sagte: »Ihr sollt werden wie die Kinder. Kinder glauben noch ganz frei und unverkrampft, vertrauen Gott alles an, was ihnen in den Sinn kommt.«
Wie stellen sich Kinder Gott vor?
Wie betet ein Kind?
Als Anregung: »Versuche doch einmal, dich in ein Kind hineinzuversetzen, das voll Vertrauen zu Gott, dem himmlischen Vater und Jesus, dem Freund, der die Kinder mit offenen Armen aufnimmt, aufschaut.
Bete doch mal wieder wie ein Kind – vielleicht erinnerst du dich an dein Kindergebet?
Oder suche dir eines der hier ausliegenden Kindergebete aus.«

Klagemauer

Material
Kartons, Eddings oder Abtönfarben und Pinsel/ alternativ kleine Zettel, Stifte, Maschendrahtzaun oder Aktenvernichter/ alternativ Steinmauer, Steine

Durchführung
Aus Sitz-, Schuh- oder Umzugskartons wird eine Klagemauer gebaut. Für die Teilnehmer liegen Eddings bzw. Abtönfarben und Pinsel bereit, um die Klagemauer zu beschriften. Alternativ kann man auch Klagen auf Zettel schreiben und in den Maschendrahtzaun oder in einen Aktenvernichter stecken. Oder an einer Steinmauer ein Gebet sprechen und symbolisch einen Stein niederlegen.
Als Anregung: »Vor Gott darf ich ehrlich sagen, was mich bedrückt, was mich ärgert, was mir Angst macht, wo ich zweifle, hadere …
Du kannst hier an der Klagemauer ein Gebet sprechen oder ein Gebet aufschreiben und in die Klagemauer stecken (es wird später nicht gelesen, sondern vernichtet – Gott allein liest es).
Oder du kannst einen Stein nehmen und ihn hier ablegen, bewusst, um vor Gott eine Last abzulegen. Entweder den Stein einfach so ablegen und in der Stille vor Gott sagen, welche Last du vor ihm ablegen willst oder den Stein mit der Last beschriften.«

Vor das Kreuz treten

Material
größeres Holzkreuz, Teelichter, Kerze

Durchführung
Die Teilnehmer können hier vor das Kreuz treten und Jesus alles anvertrauen, was sie freut, belastet, nachdenklich macht … Ebenso kann für ein persönliches Ge-

betsanliegen symbolisch eine Kerze angezündet und auf / vor / neben (je nach Kreuz und Platz) das Kreuz gestellt werden.
Als Anregung: »Du kannst für dich selbst oder für einen anderen Menschen beten und für dich oder ihn eine Kerze anzünden.«

Singen und Gott loben

Material
Gitarre, evtl. Klavier, Liederbücher

Durchführung
Manchmal geht einem vor Freude und Dankbarkeit das Herz über und man will das laut hinaussingen. Es gibt aber auch Lieder, in denen man vor Gott treten und ihm Sorgen, Gedanken und vieles mehr anvertrauen kann. An dieser Station wird zum gemeinsamen Singen eingeladen.
Als Anregung: »Andere Menschen haben sich überlegt, wie sie ihre Gebete als Lieder formulieren und komponieren können und wir dürfen diese Gabe nutzen.
Fühle dich ganz frei, hier zu singen und zu musizieren und Lieder auszuwählen – oder auch nur dabeizusitzen und zuzuhören.«

Gebete schreiben

Material
weißes und buntes Papier, Buntstifte, Wachsmalfarben, Kulis, Kopien mit Psalmen, Bibeln

Durchführung
Die Teilnehmer werden eingeladen, einmal ganz bewusst ein Gebet zu formulieren und dies auch aufzuschreiben. Wer möchte, kann auch meditativ einen Psalm abschreiben oder einen Psalm für sich selbst umformulieren.
Als Anregung: »Kein Gebet geht verloren, Gott hört sie alle und kennt sie alle. Ich selbst vergesse aber auch viele Gebete oder bete sie schnell und unbewusst.
Nimm dir doch einmal die Zeit, ganz bewusst ein Gebet zu formulieren und es auch aufzuschreiben – als dein persönliches Gebet, das du immer wieder anschauen oder irgendwo aufhängen kannst.
Formuliere ein Gebet, schreibe es auf und gestalte es schön und ansprechend, so dass du es gerne wieder in die Hand nimmst und sein Wert unterstrichen wird.
Oder suche dir eines der Psalmgebete aus und bete sie bewusst. Vielleicht hilft es dir auch, einen Psalm zu nehmen und genauer anzuschauen und dann deinen ei-

genen Psalm zu schreiben – in Anlehnung an den ausgewählten Psalm, evtl. mit Verwendung mancher Formulierungen daraus.«

Psalm bewusst abschreiben wie ein Mönch

Material
weißes und buntes Papier, Buntstifte, Wachsmalfarben, Kulis, Kopien mit Psalmen, Bibeln

Durchführung
Die Teilnehmer werden aufgefordert, ganz bewusst einen Psalm abzuschreiben und Wort für Wort zu meditieren, die (Anfangs-)Buchstaben zu gestalten, den Psalm in sich aufzunehmen und auf dem Papier niederzuschreiben. Dazu am besten Psalmen in der Luther-Übersetzung und der »Guten Nachricht« bereithalten, außerdem weitere »neue Psalmen« (z.B. aus dem Buch »Sagt Gott, wie wunderbar er ist. Alte und neue Psalmen zum Sprechen und Singen«, Verlag Junge Gemeinde Stuttgart 1995).
Als Anregung: »Suche dir in Ruhe einen Psalm aus, der dich anspricht und der auch dein Psalm ist. Dann wähle bewusst Papier, Stifte und Farben aus und schreibe den Psalm ab. Nicht schnell-schnell, sondern ganz langsam und bewusst – wie früher die Mönche. Erfahre, dass der Psalm anders verinnerlicht werden kann, wenn ich ihn nicht nur lese, sondern auch aufschreibe. Wenn ich bestimmte Buchstaben / Worte besonders hervorhebe und gestalte – die, die mir wichtig sind. Vielleicht rahmst du dir sogar später den Psalm ein und hängst ihn auf.«

Fürbittenecke

Material
Papier, Stifte, Postkarten, Briefpapier, Umschläge, Kerzen, Kärtchen mit Segensworten (selbstausgesucht oder abgeschrieben vom Karteikasten »Greifbare Segensworte«, Christliches Verlagshaus 1999)

Durchführung
An dieser Station haben die Teilnehmer die Möglichkeit, bewusst für andere Menschen zu beten. Dies kann in der Stille geschehen oder durch Aufschreiben des Namens dieser Person oder des Gebetes. Außerdem liegen Blankokarten bereit, damit man dieser Person eine Karte schreiben kann.
Als Anregung: »Wenn ich bete, soll ich nicht nur an mich denken. Luther hat das so formuliert: »Das Beten ist ein Reden des Herzens mit Gott, in Bitte und Fürbitte, Dank und Anbetung.

Unsere Bitten kommen meistens nicht zu kurz, eher der Dank, die Anbetung und die Fürbitte für andere Menschen.«
Hier kannst du dir Zeit nehmen, für andere Menschen zu beten, an sie zu denken. Vielleicht hilft es dir, auf einem Zettel aufzuschreiben, wer dir am Herzen liegt, damit du diese Menschen auch in Zukunft in deine Gebete einschließen kannst (Partner, Kinder, Arbeitskollegen, Patenkinder, Menschen, die mir Probleme bereiten, Menschen, die mich begleiten).
Oder du nimmst dir vor oder nach deinem Fürbittengebet Zeit und schreibst der entsprechenden Person ein Kärtchen, über das sie sich freuen kann. Vielleicht mit einem Segensgruß?«

Fragen

Material:
Kärtchen, Papier, Briefkasten, Kerzen
Durchführung
Jeder Mensch trägt Fragen mit sich herum – auch Fragen zum Glauben, zu Gott, zu Werten, zum Leben des Christseins im Alltag. An dieser Station können diese Fragen aufgeschrieben werden. Sie werden diskret vom Mitarbeiterteam gelesen und persönlich beantwortet.
Als Anregung: »Gibt es Fragen in deinem Glauben oder deinem Leben, die dich schon lange begleiten? Oder die bei einer Andacht, bei den Gebetsstationen aufgebrochen sind? Fragen, die man öffentlich vielleicht nicht stellen will?
Wenn du möchtest, kannst du deine Frage hier auf einem Kärtchen formulieren und deinen Namen darunter schreiben. Die Frage wird dann nicht öffentlich diskutiert, sondern ein Mitarbeiter wird auf dich zukommen und sich Zeit nehmen, für dich und dein Anliegen.«

Dankbarkeitsblume / Flower Power

Material
Scheren, auf buntes Papier (kein Karton!) aufgemalte Blumen (siehe Schablone), wasserfeste Stifte, große Wasserschale

Durchführung
Auf vorbereiteten Blumen können die Teilnehmer Dankesanliegen an Gott schreiben. Die Papierblume wird ausgeschnitten und die Blütenblätter eingefaltet. Sobald die Blume im Wasser liegt, saugt sich das Papier mit Wasser voll und die Blütenblätter öffnen sich langsam.

Als Anregung: »Suche dir eine Blume aus und schneide sie aus. In die Blume kannst du mit wasserfestem Stift (Bleistift, Kuli) all das schreiben, was dich freut oder für was du Gott danken willst. Als Gebet oder in Stichworten, auf eine oder mehrere Blumen. Falte danach alle Blütenblätter nach innen und lege die Blume vorsichtig ins Wasser.
Jetzt kannst du zuschauen, wie sie als Symbol der Freude und Dankbarkeit aufgeht.«
(Vorlage siehe S. 57)

Trostworte

Material
Kärtchen mit Trostworten (z.B. abgeschrieben von dem Karteikasten »Greifbare Trostworte«, Christliches Verlagshaus 1991), Kerzen

Durchführung
Die Teilnehmer haben die Möglichkeit, aus einer Auswahl von Trostsprüchen einen für sich persönlich auszuwählen und ihn mitzunehmen.
Als Anregung: »Es gibt Zeiten, da geht es einem nicht so gut. Da möchte man gerne wieder ein kleines Kind sein, das von seinen Eltern in den Arm genommen und gestreichelt und getröstet wird.
Der mütterliche und väterliche Gott ist auch heute für dich da und nimmt dich in den Arm.
Wenn du möchtest, kannst du dir hier ein Trostwort aussuchen, von Gott für dich.«

Gebets-Wäscheleine

Material
Wäscheleine, Wäscheklammern, Kärtchen, Stifte

Durchführung
An dieser Station haben die Teilnehmer die Möglichkeit, öffentlich zu beten, ohne dass sie dies in verbaler Form vor einer Gruppe tun müssen. An eine Wäscheleine können Gebetsanliegen jeglicher Art geklammert werden.
Als Anregung: »Du siehst hier eine Wäscheleine, Wäscheklammern, Kärtchen und Stifte.
Diese Wäscheleine ist eine öffentliche Gebetsplattform.
Wenn du deine Gebetsanliegen nicht nur Gott, sondern der ganzen »Gemeinde« mitteilen willst, kannst du sie hier auf einen Zettel schreiben und an die Wäscheleine hängen; die anderen können dann vorbeigehen, die Zettel lesen und dafür beten – dies können Bitten, aber auch Lob und Dank sein.«

weitere Stationen …
… können entstehen, wenn man seiner Kreativität und Gottes Geist freien Lauf lässt …

EINZELNE BIBLIODRAMA-ELEMENTE IM GOTTESDIENST VERWENDEN

Mittlerweile wurde nicht nur in den so genannten »Zweitgottesdiensten« oder in den Kinder- und Familiengottesdiensten erkannt, dass aktive Beteiligungselemente einem Gottesdienst gut tun und die Predigt ganz anders vorbereiten oder vertiefen. Viele der Bibliodrama-Elemente lassen sich auch einzeln herausgreifen und verwenden – am besten kreativ und mutig sein.
Im Folgenden einige Vorschläge ohne Zeitangabe, da auch hier die Gesamtbesucherzahl stark die Zeiteinschätzung beeinflusst:

Rollenspiel mit Standbild und Doppeln
In biblischen Gewändern wird ein Bibeltext nachgespielt, zum Beispiel die Szene der Ehebrecherin, die gesteinigt werden soll. Die Szene wird bis zu dem Moment gespielt, wo die Umstehenden der Ehebrecherin Beleidigungen nachrufen und die ersten sich nach einem Stein bücken. Dann frieren alle Darsteller ein und verharren in dieser Stellung.
Nun sollen die Gottesdienstbesucher in Kleingruppen einen Satz überlegen, den sie einer der Personen sagen oder sie fragen möchten oder sie stellen sich hinter eine Person und verleihen dieser ihre Stimme, sagen einen Satz oder eine Frage. Im Beispiel der Ehebrecherin: Kleingruppe 1 schickt eine Frau nach vorne, die sich hinter die Ehebrecherin stellt und sagt: »Und wie ist es mit euch? Seid ihr alle unschuldig und ohne Schuld?« Kleingruppe 2 schickt einen Mann nach vorne, der sich vor einen Steinewerfer stellt und sagt: »Ich verstehe dich. Es ist zwar nicht richtig, aber ich bin auch sehr schnell im Verurteilen der anderen. Es tut ja auch gut, auf die Schuld der anderen zu zeigen, dann sieht man das eigene Versagen nicht!«
Diese Form ist sehr eindrücklich und mit Tiefgang. Sie wird auch schnell verstanden, am besten machen die Moderatoren an einem Beispiel klar, wie es funktioniert.
Nach diesem Teil kann sich die Predigt anschließen oder die Darsteller spielen die Szene zu Ende.

Standbild formen
Darsteller in biblischen Gewändern sitzen verteilt zwischen den Gottesdienstbesuchern. An passender Stelle stehen diese biblischen Figuren auf und lassen sich von

den Gottesdienstbesuchern in ihrer Nähe als Standbild formen, bekommen später noch einen Satz zugeteilt.
Als Beispiel: Es geht um die Geschichte der Emmausjünger. Die Predigt und Erzählung stoppt an der Stelle, wo die Jünger verzweifelt und traurig sind, sich einsam fühlen. Die biblischen Figuren stehen auf und werden von den Besuchern jeweils als trauriger Jünger geformt. Obwohl alle das gleiche Thema haben, werden die Figuren doch ganz unterschiedliche Haltungen einnehmen. Sobald alle Gottesdienstbesucher wieder sitzen, wirken die stehenden und sitzenden biblischen Figuren in ihrer Gesamtheit, fallen durch ihre Verkleidung auch ins Auge. Die Predigt geht weiter bis zu der Stelle, wo die Jünger begreifen, dass Jesus lebt. Nun sollen die Gottesdienstbesucher »ihre Figur« wieder neu formen – die einen werden sie jubeln lassen, die anderen werden sie nachdenklich »hinbiegen«, die übernächsten eine Figur gestalten, die losrennt, um es überall weiterzuerzählen. Außerdem wird für jedes Standbild ein Satz überlegt, den diese Person denken oder ausrufen könnte und dem jeweiligen Darsteller gesagt. Sobald wieder Ruhe eingekehrt ist und alle Gottesdienstbesucher sitzen, ruft oder sagt jede biblische Figur ihren zugeteilten Satz und geht dann passend (nachdenklich oder eilend) aus dem Raum.
Auch diese Methode bezieht die Gottesdienstbesucher sehr stark mit ein, sowohl in der Aktion als auch auf emotionaler Ebene und der Gottesdienst wird als sehr abwechslungsreich und sehr eindrücklich erlebt.

Puls der Geschichte

Vor der Predigt wird der Bibeltext vorgelesen. Dann erhält jeder Gottesdienstbesucher ein Blatt mit dem Bibeltext und dem Pulsdiagramm und einen Stift. Es geht darum, eine Verlaufs- oder Spannungskurve eines Textes zu erstellen. Dazu wird ein Diagramm verwendet; auf der Horizontalen stehen die Versnummern, auf der Vertikalen steht niedrig / hoch. Man betrachtet Vers für Vers und zeichnet mit einem Kreuzchen ein, wie hoch der Pulsschlag der betreffenden Person ist. Am Ende werden alle Punkte zu einer Kurve verbunden. Noch mal am Beispiel der Emmausjünger: Zuerst ist ihr Puls weit unten, sie sind traurig und träge. Als sie sich mit dem Mitwanderer unterhalten, geht der Puls ein wenig hoch. Wie hoch ist er beim Abendmahl? Wie hoch beim Begreifen, dass es Jesus war, der mit ihnen das Brot geteilt hat? Wie hoch beim Losrennen und Weitererzählen der frohen Botschaft?
Da jeder die Geschichte anders aufnimmt und anders von den Textstellen angesprochen wird, können durchaus ganz verschiedene Pulskurven entstehen. Die Gottesdienstbesucher reden immer zu zweit oder in Kleingruppen über ihre Pulskurve, vergleichen sie, kommen automatisch ins Gespräch. Die anschließende Predigt wird viel aufmerksamer aufgenommen, weil sich die Besucher schon intensiv

sowohl mit dem Bibeltext wie auch mit dem Einfühlen in die betreffende Person beschäftigt haben.

Brief an mich selbst

Im Anschluss an die Predigt erhält jeder Gottesdienstbesucher eine Karte und einen Stift und formuliert auf der Grundlage der Predigt einen Brief an sich selbst. War es eine Predigt aus dem Neuen Testament, könnte man den Brief auch so formulieren, als ob Jesus oder Paulus an mich schreibt, passend zu einer alttestamentlichen Predigt könnte Abraham mich ermutigen, einen neuen Schritt zu wagen. Den Brief darf natürlich jeder nach Hause mitnehmen und muss ihn nicht herzeigen oder abgeben.

Weitere Elemente im Gottesdienst sind möglich, am besten auf die Suche machen, mutig sein und überlegen, was zur Predigt, zum Besucherkreis und den vorhandenen räumlichen Möglichkeiten passend erscheint. Doch Achtung: auch in den festgelegtesten Kirchenbankanreihungen und in den als eingefahren empfundenen Gemeinden ist mehr möglich, als man denkt – man sollte dem Heiligen Geist und sich selbst auch etwas zutrauen!

EINZELNE BIBLIODRAMA-ELEMENTE ZUM SELBSTZUSAMMENSTELLEN

Diese Elemente erheben natürlich keinen Anspruch auf Vollständigkeit. Weitere Elemente sind in den vorhergehenden Einheiten zu finden, unten stehende zu variieren und neue zu kreieren.

Bewegungselemente (ca. 5 Minuten)
Gesamtgruppe / Action / soft + Tiefgang
Ob zu Beginn oder zwischendurch, es ist gut, etwas stärkere Bewegungselemente miteinzubauen. Dies kann ein »Square dance« sein oder ein Bewegen zu lebhafterer Musik. Möglich ist auch, Anleitungen zu geben, die zum Bibeltext passen, z.B. beim Gleichnis vom verlorenen Sohn: übermütig davonrennen, fröhlich feiern, niedergeschlagen nachdenken, bedrückt und traurig die Straße entlanggehen. Dies kann auch gut eingesetzt werden, bevor die Teilnehmer den Bibeltext erfahren. Nach dem persönlichen Nachempfinden und Nachspielen der Gefühle wird der Bibeltext viel bewusster und mit neuen Ohren gehört.

Reduce to the max (ca. 5 Minuten)
alleine / ruhig / soft
Der Bibeltext wird auf ein DIN A4-Blatt kopiert. Jeder Teilnehmer erhält eine Kopie und einen Stift. Während im Hintergrund eine ruhige Musik abgespielt wird, soll jeder für sich den Bibeltext immer wieder durchlesen und ein Wort nach dem anderen streichen, was für ihn jetzt im Moment nicht so wichtig ist. Es gibt hier am Ende keine richtige »Auflösung«, da für jeden andere Wörter im Moment bedeutend sind. Dies wird so lange wiederholt, bis am Ende noch ein Wort übrig ist. Die Teilnehmer sollen versuchen, wirklich nach dieser Methode vorzugehen, weil dies bewusster ist, als gleich zu Beginn ein Wort zu umkreisen.

Bibeltext anhören (ca. 3-8 Minuten)
alleine / ruhig / soft
Den gleichen Text mehrmals in verschiedenen Übersetzungen laut vorlesen, wirken lassen. Im Anschluss könnte noch ein Austausch darüber folgen, welche Worte

hängen geblieben sind, was an den verschiedenen Übersetzungen gleich / unterschiedlich war.

Überschrift finden (ca. 5-10 Minuten)
alleine / ruhig / soft
Der Bibeltext wird gelesen und mit Farben bearbeitet (was ist mir wichtig, was finde ich gut, was ärgert mich, was verstehe ich nicht). Dann soll jeder für sich eine Überschrift finden.
Die Überschriften werden an einer Tafel gesammelt, dann folgt ein Austausch in der Großgruppe.

Dem Bibeltext näher kommen (ca. 5-10 Minuten)
alleine / ruhig / soft
Der Bibeltext wird für jeden Teilnehmer groß kopiert. Jeder kann den Text nun mit Farben bearbeiten, Männchen, Symbole, Ausrufungszeichen, Fragezeichen etc. dazumalen.

Wort gestalten (ca. 15 Minuten)
alleine / ruhig / Tiefgang
Jeder Teilnehmer soll nun »sein« Wort auf einem DIN A3 großen Blatt Papier mit Wachsfarben gestalten. Dies kann durch ein Bild geschehen (z.B. eine Uhr beim Thema Zeit), aber auch durch Farben, Symbole, Buchstaben, Worte. Im Hintergrund wird ruhige Musik abgespielt.

Bibeltext auslegen (ca. 5 Minuten)
Gesamtgruppe / ruhig / soft + Tiefgang
Alle Teilnehmer sitzen im Stuhlkreis, in der Mitte ist eine große, freie Fläche. Der Bibeltext wird nun vom Leiter langsam vorgelesen. Jeder Teilnehmer hat ein »eigenes« Wort, entweder durch »Reduce to the max« oder durch Merken eines Wortes beim Vorlesen. Das Wort ist entweder aufgeschrieben oder gestaltet (s.o.). Wenn das »eigene« Wort vorgelesen wird, steht man auf und legt »sein« Wort im Kreis ab. Dies geschieht bewusst, d.h. es wird nicht einfach der Reihe nach hingelegt, sondern man legt z.B. das Wort »Licht« zum Wort »Jesus«, das Wort »Dunkelheit« weit weg vom »Licht« etc. Dabei kann es natürlich auch sein, dass mehrere Teilnehmer ein gleiches Wort ausgewählt haben, es aber an ganz unterschiedlichen Plätzen ablegen.

Nach dem Lesen des Bibeltextes bleiben die Bilder liegen und jeder kann in Ruhe die Bilder und Platzierungen auf sich wirken lassen.

Austauschrunde (ca. 8 Minuten)

Kleingruppe / ruhig / Tiefgang

Die Teilnehmer setzen sich in Kleingruppen zusammen und tauschen sich über das Erlebte aus. Zum Besispiel nehmen sie ihr Bild mit (siehe »Wort gestalten«) oder tauschen sich über die »Reduce-Methode«, das Malen und die etwas andere »Wortauslegung« aus. Wie wurden die einzelnen Aufgaben empfunden, was wurde dem Einzelnen am Bibeltext bewusst, warum wurde das jeweilige Wort ausgewählt, warum gerade so gestaltet und umgesetzt? Wichtige Regel: Jeder erzählt nur so viel, wie er möchte.

Puls der Geschichte (ca. 10 Minuten)

alleine + Kleingruppe / ruhig / Tiefgang

Es geht darum, eine Verlaufs- oder Spannungskurve eines Textes zu erstellen. Dazu wird ein Diagramm verwendet; auf der Horizontalen stehen die Versnummern, auf der Vertikalen steht niedrig / hoch. Man betrachtet Vers für Vers und zeichnet ein, wie hoch der Pulsschlag der jeweiligen Person ist. Für jede Person wird eine andere Farbe verwendet. Beispiel der blutflüssigen Frau: Zuerst ist sie traurig und enttäuscht über ihre langjährige Krankheit, der Puls ist unten. Als sie Jesus begegnet, hegt sie Hoffnung, der Puls geht ein wenig hoch. Als Jesus sich ihr zuwendet und sie zittert, ist er ganz oben. Aus den eingezeichneten Punkten wird eine Pulskurve gezeichnet.

Da jeder die Geschichte anders aufnimmt und anders von den Textstellen angesprochen wird, können durchaus ganz verschiedene Pulskurven entstehen – der gemeinsame Vergleich und das Gespräch darüber ist hochinteressant.

Im Anschluss setzen sich die Teilnehmer in Kleingruppen zusammen und vergleichen ihre Pulskurven, erklären, warum sie den Pulsschlag so einschätzen, überlegen, warum vielleicht auch sehr unterschiedliche Pulskurven entstanden sind. Ein Gespräch entsteht hier sehr leicht, ebenso eine sehr genaue Auseinandersetzen mit dem Bibeltext.

Bühnenbild malen (ca. 10 Minuten)

alleine + Kleingruppe / ruhig / soft

Nachdem der Bibeltext gelesen wurde, bekommt jeder Teilnehmer alleine oder mit Partner einen DIN A3-Bogen und Wachsmalstifte und malt das Bühnenbild zu dem Bibeltext (z.B. Ps. 23). Ein Austausch in der Großgruppe und Zeigen der Bilder kann sich anschließen.

Die verschiedenen Rollen in mir selbst suchen (ca. 5-8 Minuten)
alleine + Kleingruppe / ruhig / Tiefgang
Im Bibeltext kommen oft unterschiedliche Rollen vor. Die Aufgabe an die Teilnehmer lautet: Wo finde ich Anteile von diesen Personen in mir? Zum Beispiel das Gleichnis vom verlorenen Sohn – wo habe ich schon Situationen erlebt, wo ich mich von meinen Eltern oder von Gott bewusst entfernt habe / zurückgekommen bin? Wo war ich neidisch auf Geschwister oder andere? Wo habe ich verzweifelt auf jemanden gewartet? Wo hat mich jemand enttäuscht? Wann habe ich mich riesig gefreut, jemanden wieder zu sehen, den ich lange aus den Augen verloren hatte?
Diese Methode ist nicht für ein Gespräch in der Großgruppe geeignet. Jeder sollte für sich alleine Zeit bekommen, darüber nachzudenken, evtl. mit persönlichen Notizen. Möglich wäre auch der Austausch mit einem Partner, aber nur, wenn man sich sehr gut kennt und vertraut.

Zeichen-Diskussion, Fragezeichen trifft Ausrufungszeichen (ca. 15-25 Minuten)
Gesamtgruppe / Action / Tiefgang
Alle Teilnehmer sitzen im Kreis. In der Mitte liegt der Bibeltext, abgeschrieben auf ein riesengroßes Plakat. Daneben liegen Schildchen, auf denen Fragezeichen, Ausrufungszeichen und Pfeile zu sehen sind (für jeden Teilnehmer benötigt man pro Sorte ein Schild).
Jedes Zeichen hat eine besondere Bedeutung:

? Fragezeichen: Das verstehe ich nicht.
! Ausrufungszeichen: Das leuchtet ein.
➡ Pfeil: etwas Emotionales, z.B. Das finde ich umwerfend. / Davon bin ich begeistert. / Das finde ich empörend.

Während des stillen Lesens des Textes holt sich jedes Mitglied der Runde nur ein Zeichen, je nachdem welche Einstellung zum Text bei ihm überwiegt, und legt es an die entsprechende Textpassage. Dann folgt ein Gespräch zwischen den Frage- und Ausrufungszeichenlegern. Anschließend kommen die Pfeilleger zusammen oder nacheinander in die Mitte. Sie dürfen ihrer Betroffenheit durch den Text Ausdruck verleihen und auf Rückfragen aus dem Außenkreis antworten. Es sollte darauf geachtet werden, dass jede Meinung ernst genommen wird und man sich z.B. für ein Fragezeichen nicht zu schämen braucht.

Suchen nach Antworten (ca. 10 Minuten)
alleine + Kleingruppe / ruhig / Tiefgang
Jeder Teilnehmer bekommt kleine Zettel und Stifte und schreibt pro Zettel eine für

ihn wichtige Frage oder eine Meinung zum Bibeltext auf. Die Zettel werden dann zusammengefaltet in ein Körbchen gelegt. In Kleingruppen werden Zettel gezogen und gemeinsam nach Antworten gesucht, später im Plenum besprochen.

Handlungsworte (ca. 5-10 Minuten)

alleine + Kleingruppe / ruhig / soft + Tiefgang

Jeder Teilnehmer sucht sich aus dem Bibeltext Handlungsworte heraus. Dann wird in Kleingruppen verglichen und ausgewertet (z.B. wie viele positive / negative Handlungsworte sind zu finden, welche wiederholen sich, welche passen zusammen, was widerspricht sich, welche sprechen mich an).

Ergänzungsmöglichkeit: Anschließend kann jeder ein Wort aussuchen und gestalten (siehe »Wort gestalten«), ein Gespräch in Kleingruppen darüber schließt sich an. Weitere mögliche Ergänzung: siehe »Bibeltext auslegen« – mit den Handlungsworten.

Bildbetrachtung (ca. 10 Minuten)

alleine + Kleingruppe + Gesamtgruppe / ruhig / Tiefgang

Passende Bilder zum Bibeltext oder zum Thema des Bibeltextes werden ausgelegt, jeder Teilnehmer sucht sich ein Bild aus. Oder jeder bekommt das gleiche Bild, bzw. ein Bild wird per Tageslichtprojektor oder großem Plakat allen gezeigt. Dann folgt eine angeleitete Bildbetrachtung – was ist alles außer den Figuren auf dem Bild zu sehen (Flächen, Perspektive, Jahres- und Tageszeit, Kleidung, Körperhaltung, Alter, Stimmung, Bewegung der Personen, wie steht wohl der Maler zu dem Bild / zu einzelnen Figuren / was löst das Bild in mir aus)?

Interaktionales Betrachten und Schreiben (ca. 10-15 Minuten)

Kleingruppe / ruhig / Tiefgang

Zum Bibeltext oder zum Thema des Bibeltextes werden im Vorfeld drei passende Bilder ausgesucht. Jedes der drei Bilder gibt es für die gesamte Gruppe in mehrfacher Ausfertigung. Jeder sucht sich ein Bild aus. Dann werden Drei-Personen-Kleingruppen gebildet, in denen kein Bild zweimal vorhanden ist. In der Kleingruppe schreibt jeder eine Bemerkung zu seinem Bild und gibt es dann im Uhrzeigersinn weiter. Zu dem Bild, das man weitergereicht bekommt, schreibt man dann wieder etwas dazu, wobei man auf die bereits geschriebenen Bemerkungen der anderen Teilnehmer eingeht. Es wird so lange weitergegeben, bis jeder wieder sein Bild hat. Eventuell noch mal ein- oder mehrmals das Bild weitergeben. Es folgt ein Austausch innerhalb der Kleingruppe. Jede Gruppe überlegt sich eine wichtige Sache, die sie dem Plenum mitteilen will.

Worte-Raum-Ecken (ca. 5 Minuten)
Gesamtgruppe / Action / soft + Tiefgang
In vier Ecken des Raumes werden vier verschiedene Worte auf Zetteln / Plakaten an die Wand geheftet. Alle Worte haben mit dem Thema oder Bibeltext und miteinander zu tun (Beispiel: blind sein, schwarzsehen, dicht machen, ausgeschlossen sein). Die Teilnehmer bewegen sich im Raum und sollen sich dann für eine Ecke entscheiden. Entweder zu dem Wort, dass sie am stärksten anspricht oder am stärksten ärgert (wenn Thema oder Bibeltext noch nicht bekannt sind) oder zu dem Wort, dass sie besonders mit dem Thema verbinden (wenn das Thema bekannt ist). Wenn alle sich einer Ecke zugeordnet haben, findet dort ein Gespräch statt und die Teilnehmer sollen sich gegenseitig erzählen, warum sie gerade bei diesem Wort gelandet sind, was sie anspricht, ärgert.

Randmalen (ca. 5-10 Minuten)
alleine + Kleingruppe / ruhig / Tiefgang
Der Bibeltext wird so abgeschrieben / abkopiert, dass rechts noch genügend Platz bleibt. Je nach Text kann man diesen Seitenstreifen noch nach den wichtigsten Personen der Geschichte unterteilen. Nun soll der Rand mit den Farben ausgemalt werden, die am besten ausdrücken, was man bei dem jeweiligen Vers empfindet (am besten vorher bestimmte Farben für die verschiedenen Gefühle absprechen). Ist der Randstreifen nach Personen unterteilt, sollte man sich in sie einfühlen und entsprechend die Farben wählen.
Im anschließenden Gespräch werden die unterschiedlichen »Gefühlswerte« besprochen. Dabei werden sich die Höhepunkte der Geschichte herauskristallisieren, aber auch die emotionalen Unterschiede der Leser. Es wird deutlich, dass jeder die Geschichte anders (gefärbt) liest und versteht.

Frau	Jesus	Volk

Zeitmaschine (ca. 5-10 Minuten)
Kleingruppe + Gesamtgruppe / Action / Tiefgang
Es geht um das Aktualisieren eines Bibeltextes: Wo würde er heute spielen, welche Personen wären daran beteiligt? Dies kann im Gespräch geschehen oder auch als Rollenspiel gestaltet werden. Die Methode eignet sich besonders gut bei Gleichnissen.

Standbild / Statue (ca. 10-20 Minuten)
Kleingruppe / ruhig / soft
Immer zwei Teilnehmer oder eine Kleingruppe gehen zusammen, formen aus einem Teilnehmer ein Standbild zu der gefundenen Überschrift (s.o.) oder zum ganzen Text oder einem Teilaspekt (je nach Aufgabenstellung des Mitarbeiters). Wenn alle fertig sind, dürfen sich die Standbildschöpfer die anderen Standbilder in Ruhe anschauen. Ideal ist oft noch ein Wechsel der Rollen, so dass nun die vorherigen Standbildpersonen ihren Partner formen dürfen.

Doppeln (ca. 10 Minuten)
Kleingruppe + Gesamtgruppe / Action / Tiefgang
Erweiterung der obigen Standbildbeschreibung: Der Mitarbeiter geht von einem Standbild zum anderen. Immer wenn er bei einem Standbild stehen bleibt und es an der Schulter berührt, darf das Standbild noch einen Satz sagen (z.B. beim Thema »Elia unterm Ginsterstrauch« ist ein am Boden kauernder Mensch geformt – nach der Berührung sagt er: »Ich kann nicht mehr – ich weiß nicht mehr, wie es weitergehen soll.«). Oder der »Former« gibt am Ende seiner Statue eine Stimme und lässt sie noch einen Satz sagen bzw. andere Personen, die nicht geformt haben und nur auf Grund des Körperausdrucks der Statue eine Stimme geben und sie etwas sagen lassen.
Genauso ist es möglich, zu der Statue etwas zu sagen, ihr eine offene Frage zu stellen oder etwas zuzusprechen. Zum Beispiel dem am Boden kauernden Elia: »Ich wünsche dir neue Kraft und eine neue Perspektive.«

Brief an mich (ca. 5-8 Minuten)
alleine / ruhig / Tiefgang
Jeder Teilnehmer bekommt Zeit, einen Brief oder eine Karte an sich selbst zu schreiben. Dies wirkt zuerst etwas befremdlich und kostet Überwindung, lohnt sich aber. In diesen Brief, den er an sich selbst richtet, schreibt er, was ihm an diesem Abend wichtig wurde, was er sich vornehmen möchte, was ihm aufgefallen ist, etc. Dieser Brief kommt in einen Umschlag, den man an sich selbst adressiert und zuklebt. Der Mitarbeiter sammelt die Umschläge ein und schickt sie erst einige Wochen später den Teilnehmern zu. Es ist hochinteressant zu lesen, was man damals geschrieben und sich vorgenommen hat (eignet sich besonders gut zum Abschluss).
Variation: Gott schreibt einen Brief an mich. Ähnlich wie oben, nur dass man versucht, den Brief von Gott an sich selbst zu formulieren.

Tagebucheintrag (ca. 5 Minuten)
alleine / ruhig / Tiefgang
Jeder Teilnehmer erhält ein kleines Schulheft, das schön eingebunden wurde oder einige zur Hälfte gefaltete DIN A4-Blätter, die wie ein Heft geheftet wurden. Immer wieder während der Einheit wird innegehalten und die Teilnehmer können sich Notizen in ihrem Tagebuch machen. Der Mitarbeiter gibt dazu jeweils passende Impulse. Zum Besipiel: Was ist mir jetzt klargeworden? / Was bewegt mich an dem Bibeltext? / Wo sehe ich Parallelen zu meinem Leben? / Was nehme ich mir vor?

Straßenschwatz (ca. 10 Minuten)
Kleingruppe + Gesamtgruppe / Action / Tiefgang
Unterschiedliche Personengruppen aus dem Bibeltext finden sich zusammen. In der ersten Runde stellen sich die Teilnehmer in Kleingruppen von drei bis vier Personen zusammen, die ähnlicher Ansicht sind. Das bedeutet, dass sich zum Beispiel die »Kritischen« und die »Nahstehenden« oder die »Begeisterten« und die »Ablehnenden« zusammentun, je nach Bibeltextgrundlage. In einer ganz kurzen Sequenz soll sich jeder vorstellen, er wäre ein Mensch von damals – was würde er sagen, wenn er seine »Gleichdenkenden« auf der Straße trifft, über was oder wen würden sie sich unterhalten? In einer zweiten Runde mischen sich diese Gruppen, Kritiker und »Nahstehende« treffen sich auf der Straße und tun ihre Meinung kund.

Exegetische Informationen (ca. 3-5 Minuten)
Gesamtgruppe / ruhig / soft
Ein Bibliodrama muss nicht nur aus Erlebniselementen zusammengesetzt werden. Im Gegenteil, es ist sogar sehr hilfreich, wenn an den richtigen Stellen in der richtigen Dosis exegetische Informationen gegeben werden. Nicht, um die Teilnehmer in eine bestimmte Richtung zu lenken oder »zuzupredigen«, sondern um ihnen noch ein besseres und tieferes Verständnis des Textes zu ermöglichen. Dies kann dadurch geschehen, dass sie erfahren, was vor dem Text an Vorgeschichte passiert ist oder was danach geschah, ob es zu der Zeit besondere Rituale gab, was der Ort oder die Textauswahl bedeuten kann.

Abschlussplenum (ca. 5-10 Minuten)
Gesamtgruppe / ruhig + Action / soft + Tiefgang
Nur einige Ideen zum selbstständigen Erweitern:
a) Gespräch zum Verlauf des »Bibel-Erlebens«
b) Runde: Was mir an dem Text wichtig geworden ist
c) Mir ist aufgefallen … Was ich sonst noch sagen wollte …

d) gemeinsames Lied singen
e) den Teilnehmern einen Segen zusprechen und mitgeben
f) gemeinsamen, meditativen oder lebhaften (»Square dance«) Gruppentanz tanzen

VORSCHLÄGE FÜR WEITERE GEEIGNETE BIBELSTELLEN, DIE MIT BIBLIODRAMA-ELEMENTEN ERARBEITET WERDEN KÖNNEN:

Die gekrümmte Frau, Lukas 13, 10-13

Die zehn Aussätzigen, Lukas 17, 11-19

Verlorener Groschen, Lukas 15, 8-10

Die Hirten auf dem Feld (Weihnachten), Lukas 2, 8-20

Berufung des Petrus / Fischfang, Lukas 5, 1-11

Maria und Marta, Lukas 10, 38-42

Die fordernde Witwe, Lukas 18, 1-8

Josef, 1. Mose 37, 1-4 oder 11-29

Rut und Noomi, Rut 1, 1-18

Der Herr ist mein Hirte, Psalm 23

Jona ist bockig, Jona 4, 1-4